天翔ける論語

学問の精髄に貫き入れ

五十嵐政行

明窓出版

まえがき

とてつもない巨大な書　その叡智計り知れず

論語はとてつもない巨大な生命を持つ書であるように思われます。ページ数にすれば四百ページ程の一冊の本にすぎませんが、文字として表された言葉の奥には、無限の知恵の宇宙が広がっていて、その価値はそのページ数をはるかに超越したものがあります。孔子の弟子の子貢は、孔子を評して、ふつうの優れた人というのは丘のようなもので、努力をすれば越えていくこともできるが、孔子は太陽や月のようなもので、少々の人間的努力では越えることができるものではないと言っていますが、まさに至言であると思います。そのように、孔子の言葉に秘められた知恵というものは、どれほど奥深く無限のものであるのか、人間知では計り知れないものがある。初級者が読めば、その人にふさわしい知恵を学ぶことができ、上級者が読めば、高遠な知恵を学ぶことができる。今回、私が解釈したものは、あくまでも四十代半ばでの途中報告のようなものであり、さらに一生涯をかけて、その奥深い知恵を学びとっていかなくてはならないものです。しかし、生涯をかけて追究してみても、わかりうることは、本来の意味のほんのごく一部であるような感も致します。まさに大宇宙のなかのほんのごく一部をあきらかにするにすぎないのかもしれません。孔子の言葉と相対すれば相対するほど、そのような感が深くなります。

さて、本書は、必ずしも学究的な精緻な解釈というものではないでしょう。また、あくまでもこの書は、論語という知恵の宝庫に埋蔵されたその知恵のごく一部を解説したものに過ぎませんし、この解釈以外に正しいものはないというものでもありません。解釈にあたっては、このような偉大な思想を述べた孔子とその教えの継承に努めてこられた弟子の方々に深く感謝と敬意の念を持ち、その言葉そのものからその意味（生命）をつかみとろうと強く意識し、さらに天の導きあれとの祈りをこめつつ努めました。そしてもうひとつ、念頭においたのが、いかに自分自身を高めていくかという修養の視点と、いかに世のため人のために貢献していくかという利他の視点です。考えてみるならば、この二つの視点は、世界中のどの国の人々であれ、どのような職業のなかで生きる人にとっても大切な視点であり、そもそも人間存在の意味、人間の根源的使命にかかわることとも思えるからです。この一書のなかの一文でも論語を学ぶ方々にとっての参考になるものがあれば幸いですし、また、読まれた方の人生の前進のために、何らかの後押しをするものとなればさらに幸いです。

◎天翔ける論語　目　次◎

学而第一

為政第二

里仁第四

公冶長第五

雍也第六

述而第七

子罕第九

先進第十一

顔淵第十二

憲問第十四

衛霊公第十五

季氏第十六

用語について

真理の学問
歴史のなかで聖人と敬われる人が説いた道徳や宗教の教え。解説文のなかでは「聖人の学問」と表記したところもある。

仁
一般的には、思いやり、愛情の徳と捉えてよいと思うが、用いられる箇所によっては、それらをも含むもう少し広い意味合いの「真理」というふうに解釈している。

礼
一般的には、礼儀や儀礼、作法と捉えてよいと思うが、用いられる箇所によっては、それらをも含むもう少し広い意味合いの「真理」というふうに解釈している。

君子　真に優れた人物、道徳性に優れた人物、多くの専門知識を持ちなおかつ道徳的にも優れた人物、指導者など、様々な解釈があると思うが、解説文ではそのまま「君子」と表記した。

小人　まだ修養が不十分なため人間としての道徳性が十分に備わっていない人、人格的に未熟な人、真理の学問というものにあまり関心がなく人格を高めていこうという意識の薄い人など、様々な解釈があると思うが、解説文ではそのまま「小人」と表記した。

原文　本文中の「原文」とは「子の曰わく〜」などの読み下し文のことを指す。なお、原文（読み下し文）、訳文（現代語訳）は「論語　金谷治訳注　岩波書店」より引用した。

学而第一

一　子《し》の曰《のたま》わく、学びて時にこれを習う、亦《ま》た説《よろこ》ばしからずや。朋《とも》あり、遠方より来たる、亦た楽しからずや。人知らずして慍《うら》みず、亦た君子《くんし》ならずや。

先生がいわれた、「学んでは適当な時期におさらいする、いかにも心嬉しいことだね。〔そのたびに理解が深まって向上していくのだから。〕だれか友だちが遠い所からもたずねて来る、いかにも楽しいことだね。〔同じ道について語りあえるから。〕人が分かってくれなくとも気にかけない、いかにも君子だね。〔凡人にはできないことだから。〕」

解説

学問の真髄①

まず論語の最初の一節には、学問の真髄となるところが説かれている。

学び、適当な時期に復習をする。何と心嬉しいではないか。学んだことの理解がいっそう深まり、確実に自分のものとなっていくという実感が持てるのだから。真理を学ぶという志を同じくする友が遠くから来てくれる。何と楽しいことではないか。学んでいることについて語り合い、そこにまたお互いに学ぶことがあるから。人が認めてくれようとくれまいと、そのようなことは気にかけず、この学問の道を楽しむ。これでこそ君子といえる。

「学びて時にこれを習う、亦た説ばしからずや」

これはすでに学んだことを保持していくことの大切さを言われているというようにも解釈できる。ともすれば人は次から次へと本をたくさん読んでいくことをもって、勉強している、学問をしているような気分になるものだが、そのように表面の言葉を流し読みするだけでは、十分自分の力とはなっていかない。やはりここで述べられているように、今まで学んだところを適当な時に、復習してみる、つまり読み直してみる、それについて考えてみる、そしてそれを確実に自分のものとして保持していくということがひじょうに重要なことである。ある本を読んでとても感動する箇所があったにもかかわらず、それをいっときの感動で終わらせ、次から次へと新しい本を追いかけるばかりで、それを忘れ去って、もはや省みることもないというのはあまりにも惜しいことだ。特にこうした論語のような真理の学問、聖人の学問というものは、適当な時に復習してみることによってまた改めてその重要さに気付くこともあれば、今まで見出し得なかった新たな意味を発見することがあるものだ、いやほとんど無限にその奥深い意味を汲みとっていくことができる。

「朋あり、遠方より来たる、亦た楽しからずや」

共に真理の学問を志す者同士の交流というものは、ひじょうに学びとなるところが多いものだ。同じ真理の言葉であっても、また自分とは違った捉え方をしており、それを聞くことは貴重な学びだ。また、自分自身が日頃学んでいることが、その交流のなかでいっそう確信が深まったり、学問意欲が高まるということも大きなことだ。

また、他者からの刺激ということばかりではなく、利他という観点からも重要である。自分自身が学びえたことを語るということが、相手にとってひじょうに参考になることもあるからだ。こうしたなかにも利他ということはあるものだ。この利他を通して自分自身の学問レベルも大いに向上していく。特にこの真理の学問においては、利他という観点なくしては、学問のレベルが大いに向上していくことはありえない。単に自己修養、自己の人格向上、自分自身の人生を豊かなものにするためという観点では、どんなに熱心に打ち込んでみても、たとえ千冊、万冊の書物を勉強しても、今ひとつ向上感は得られないものだ。それはちょうど袋小路に入ってしまったかのように、小さな世界を行き来しているような状態となる。この点は、真理の学問を志す者は、特に心しなければならないところだ。小さな利他の行為といえども侮《あなど》ることなかれ。それが入るのと入らないのとでは、学問のレベルにおいて格段の差がでることを忘れてはならない。

「人知らずして慍みず、亦た君子ならずや」

学び、復習し、そして志を同じくする者と語り合い、学び合うなかでだんだんと人格は向上していくものだが、だからといって、それがすぐに世間から目に見えるかたちで認められるとは限らない。確実に向上はしていても、身の回りの者からもそれほど評価されなかったり、それどころか、十分な職業さえ得られない状況だとてあるかもしれない。そうした状況にあっても決して心取り乱さず、泰然として学問に打ち込んでいける人間は、大人物といえるだろう。ともすれば、認められない状況にあれば、何でこれだけ偉大な学問をやっていながら、この程度の扱いしか受けないのかとか思いがちなものだ。しかし、こうした論語のような聖人の学問、偉大な学問に真剣に真剣に打ち込んでいったのならば、時間の経過のなかで、やがて世間からも認められるように当然なる。成果が早く現れるか、遅く現れるかは植物や木にも早咲きの花もあれば、遅咲きの花もあるようなものだ。しかし、必ず花咲く時は来る。

またいっぽうには、論語のような真理の学問、聖人の学問の奥深い喜びを味わうことができるようになってくると、社会的に名誉な地位を得るとか、巨万の財産を得るとか、そのようなことども、この学問の喜びは換えがたいものと思えてくる。今こうして真理の学問の道を歩めることとそのものが何ものにも換えがたい「ありがたいこと」と思えてくる。「真理を学べる喜びは王者の位とも換えがたい」と言われた方もいるようだが、学びが深まってくると、この言葉が本当に実感として感じられてくる。真理の学問に打ち込める価値、ありがたさというのは、本当に計り知れない。この偉大なる価値の前には、人から認められるとか、認められないとかなどは、本当にちっぽけなことと思われてくる。

最初の「学びて時にこれを習う、亦た説ばしからずや」の別な観点からの解釈として付け加えておくが、真理の学問の学びが深まってくると、閃き、インスピレーションというものが多くなってくるものだ。この観点からは次のような解釈もできる。「真理の書物、聖人の書物を中心とした学びに努めながら、時々刻々、内なる神性・仏性から湧き出る知恵（正しき直感知）の実践に努める。これはまさに何ものにも換えがたい至上の喜びだ。」正しき直感知にはひじょうに優れた力が秘められている。わかりやすい喩《たと》えで言えば、偉大な芸術作品には、もちろん本人の不断の努力という面もあるが、いっぽうには閃き、インスピレーションの力というものも多々あるものだ。閃き、インスピレーションといえば、一般的には芸術の世界や発明の世界などで用いられることのように思われるが、事業や政治、学問をはじめあらゆる分野においても実に偉大なる力を発揮するものである。過去の歴史のなかで偉大なる事を成した人というのは、本人が知ると知らないとにかかわらず、多い少ないの差はあれ、天啓ともいうべき閃き、インスピレーションを受けて事を成していたと思う。だからこそ後世まで永く称賛されるような偉大な業績を遺しえたのではないかと思う。単なる頭脳知のみではそのような偉大な仕事は成しえないだろう。

釈迦は「一切衆生悉く仏性あり」と言われたが、この正しき直感知こそ、人間の奥底にあるところの神性・仏性からの知恵であるのだ。私の論語解釈においては、この内なる神性・仏性からの知恵(正しき直感知)を重視している。次項以降においてもこの観点からの解釈も折々に加えていく。これは単なる自説ではない。陽明学の祖、王陽明の良知の学における良知とは、この内なる神性・仏性からの知恵（正しき直感知）のことを言っている。王陽明は「伝習録」のなかでその重要さについて以下の如く述べている。「孔子も『私に知があろうか、ありはしない』（論語・子罕篇）といっているように良知の外に、知はないのです。だから良知を致す（発揮する）ことこそが学問にとっての根幹であり、これが聖人の教えの第一義のところです。だから、（道を）末である見聞のみに求めるのは、その根幹を失脚したものである点で、第二義に堕ちるのです。」（王陽明・伝習録・中巻／溝口雄三訳・中央公論新社）「わたしのこの話は、滁州のときから今に至るまで、幾度となく討論を重ねてきたものだが、良知を発揮するということの一句には、全く欠陥がない。」（同書・下巻）またこの知恵は、孟子が「浩然の気」と言われたものにあたる。孟子は次のように言われている。「言葉ではなかなか説明しにくいが、この上もなく大きく、この上もなくつよく、しかも、正しいもの。立派に育てていけば、天地の間に充満するほどにもなる。それが浩然の気なのだ。しかし、この気はいつも正義と人道とにつれそってこそ存在するものだから、この二つがなければ（すなわち正義と人道とにはずれたことをすれば）この気は飢えてしぼんでしまう。これはたえずこの道義を行っておるうちに自然と生まれてくるもので、外界からむりやりいっぺんに取りいれることができるものではない。自分の心になにか疚しいことがあると、すぐに飢えてしぼんでしまう。」（孟子・上巻／小林勝人訳注・岩波書店）この「浩然の気」こそが、まさに内なる神性・仏性からの知恵（正しき直感知）にあたる。推測するに、一定の段階を超えた思想家は、この知恵を明確に把握しているのではあるまいか。様々な宗教、思想においても、「知」という側面から見るならば、いかにこの知恵を把握し、優れて発揮していくかというところに眼目があるのではあるまいか。

また、この知恵は思想家ばかりが把握しているわけではない。明治維新の頃に活躍された政治家である勝海舟もこの知恵を把握しており、特に外交の場面で発揮されていたようだ。それが伺われる言葉を挙げておく。「おれはこれまでずいぶん外交の難局に当たったが、しかし幸いに一度も失敗はしなかったよ。外交については一つの秘訣があるのだ。心は明鏡止水のごとし、ということは、若いときに習った剣術の極意だが、外交にもこの極意を、応用して、少しも誤らなかった。こういうふうに応接して、こういうふうに切り抜けようなど、あらかじめ見込みを立てておくのが世間のふうだけれども、これが一番わるいよ。おれなどは、何にも考えたり、もくろんだりすることはせぬ。ただただ一切の思慮を捨ててしまって妄想や邪念が、霊智をくもらすことのないようにしておくばかりだ。すなわちいわゆる明鏡止水のように、心を磨き澄ましておくばかりだ。こうしておくと、機に臨み変に応じて事に処する方策の浮びでること、あたかも影の形に従い、響きの声に応ずるがごとくなるものだ。」(勝海舟・氷川清話/勝部真長編・角川文庫)勝海舟は様々な学問もなしたであろうが、その学問は単に書物上の言葉を自分のものにしていくだけではなく、よりいっそう内なる神性・仏性からの知恵(正しき直感知)を研ぎ澄ますことに心をくだいていたのではないかと思う。

ただし、ここで大切なのはあくまでも「内なる神性・仏性からの知恵(正しき直感知)」であるということだ。あるいはもう少し身近な言葉で言えば、自らの良心に基づいた知恵ということだ。直感的に何でも思いついたことが必ずしも内なる神性・仏性からの知恵(正しき直感知)というわけではない。ここが難しいところではある。何か良いことが思いついたといって、それが自分にだけ得になることで、他者、社会に害悪を撒き散らすというようなことであっては、そんなものが内なる神性・仏性からの知恵(正しき直感知)であろうはずがない。だから直感知とはいえ、それが実行してみて、自らの人格の向上につながるものであるか、社会の進歩、発展に資するものであるかの確認は必要である。

この内なる神性・仏性からの知恵(正しき直感知)を得る鍵となるものが、心の奥底に集積している思い、すなわち潜在意識に集積している思いである。何年何十年とこうした真理の学問、聖人の学問のようなものを学び、正しく理解しているような人は、その潜在意識は浄化され、真理の言葉で満ちているというような状態になっているだろう。こういう人の場合は、その閃き、インスピレーションは大体が内なる神性・仏性を反映したものとなるだろう。そして、さらに真理の学問を深めていくならば、いっそう奥深い優れた知恵が現れてくることになる。しかし、長年こうした真理などというものに全く関心もなく、どちらかというと邪欲、邪念も多く持ちながら生きてきたような人であっては、昨日今日と真理の学問を学び始めたからといって、なかなか一日二日で潜在意識の浄化ができるものではない。こうした人の場合は、直感的に思い浮かぶことが、正しき直感知である場合もあれば、邪念を反映したものである場合もあるから、特に、その思いつくことが、自らの人格の向上につながるものであるか、他者や社会に害悪を与えるものでないかのチェックを慎重にしていく必要がある。何でもかんでも思いつくことが内なる神性・仏性からの知恵（正しき直感知）だと軽薄に考えて実行してみても、それは運命をかえって悪くし、身の破滅をもたらしかねないから気をつけねばならない。

為政第二

一　子の曰《のたま》わく、政《せい》を為《な》すに徳を以てすれば、譬《たと》えば北辰《ほくしん》の其の所に居《い》て、衆星《しゅうせい》のこれに共《きょう》するがごとし。

先生がいわれた、「政治をするのに道徳によっていけば、ちょうど北極星が自分の場所にいて、多くの星がその方に向かってあいさつしているようになるものだ。（人心がすっかり為政者に帰服する。）」

解　説

政治の真髄

ここは政治の真髄となるところが述べられている。政治が混迷をきわめている時にこそ、この原点に立ち返ることが必要であろう。この反対となれば、つまり道徳や宗教を軽んずる政治を行えば、てんでんばらばら全く混乱をきわめて収拾がつかなくなるということをも暗示している。

ここは、より良き政治を実現していくためにはどうしても乗り越えていかなければならない一線ではないだろうか。今の日本の政治には明らかにこの部分が稀薄である。一国の総理の施政方針演説を聞いても、宗教の重要さなど語られることは皆無であるし、道徳が語られたとしてもとって付けたような形式的な言葉が少し語られる程度でいっこう人間の根本にかかわる重要なことであるとの迫力が伝わって来ぬ。政治にはどうしても、道徳の興隆、宗教の興隆というものが政策の中心に置かれねばならないと思う。この幹にあたる部分をしっかり培わなければ、枝葉にあたる部分は健全に成長していきようがない。

それぞれの立場の人が経済、外交、安全保障、教育など一所懸命少しでも良いものとしていくために日夜研究、努力していることには敬意を表するものではあるが、幹にあたるところをバシッと押さえなければ、百年、時を待とうがより良い政治が実現していくことは難しい。観点を転換することだ。別な喩えを用いるならば、本源から泥水を流していれば、下流の水はどうしても汚れたものとなり、その水をろ過してきれいにするには莫大な労力を要することになる。ろ過したつもりだが、どうも今ひとつきれいにならないということにもなる。さらにはたえずろ過装置を新しくしなければならないというような手間もかかる。本源を浄めることだ。さすればおのずと清水は流れるようになる。政治の根本には、道徳、宗教を置くということが第一義でなければならない。

道徳などというと小学生レベルのものであるとか、宗教といえばはるか昔の産物であるとか、迷信じみたものだ、などという認識は断固として打破していかなければならない。これらは文明が発達していようといまいと、科学や経済が発達していようといまいと、絶対的価値を有するものであり、断じて社会の隅に置かれるような状況であってはならないのだ。人間社会の中心に持ってこなければならないのだ。

人間には、自由は尊重されるべきものである。しかし、この自由はより価値あるものを選択していくための自由である。食物を食べる、食べないは各人の自由であろう。しかし、食べなければ飢え、病み、やがては死に至ることになる。これと同じように、道徳、宗教を軽んずれば、それ相応の栄養しか得られず、様々なわざわいのもととなる。

四　子の曰わく、吾れ十有《ゆう》五にして学に志《こころざ》す。三十にして立つ。四十にして惑《まど》わず。五十にして天命《てんめい》を知る。六十にして耳順《みみした》がう。七十にして心の欲する所に従って、矩《のり》を踰《こ》えず。

先生がいわれた、「わたしは十五歳で学問に志し、三十になって独立した立場を持ち、四十になってあれこれと迷わず、五十になって天命をわきまえ、六十になって人のことばがすなおに聞かれ、七十になると思うままにふるまってそれで道をはずれないようになった。」

解　説

学問の段階①

ここは、論語のなかでも特に有名な一節であるが、これは学問の段階、知恵の段階を述べたものという観点からも解釈できる。孔子が晩年に人生を回想して、年代ごとに自分の境地を述べているが、実際に孔子がこの年代通りにこれらの境地に達したというよりも、学問の段階というものは、このように進歩していくものだということを説明するために、このような表現をされたのではないかと思う。

「吾れ十有五にして学に志す」

私は十五歳で本格的に真理の学問、聖人の学問を学ぶようになった。

「三十にして立つ」

三十歳で真理を最も重要な指針、立脚点として生きていこうという思いが強くなってきた。この段階は、いろいろな言論、思想はあるであろうが、一定以上の思想の高みのある聖人の説かれる真理こそが、あくまでも価値判断の中心に据えるべきものであるという自覚が強くなってくる。

「四十にして惑わず」

四十歳になると、その自覚がさらに深まり、真理の学び・実践を人生の根本に据えて生きるということが、確固たるもの、不動なるものとなった。この段階では、そうした真理の学び・実践こそが人生のすべてであるということに思い至る。様々な優れた言論・思想もあれども、それらはあくまでも真理の一部を説明したもの、つまり、より具体的に、より詳細に説明したものにすぎないという自覚となる。また、日常生活の様々な営みもすべてこれ、真理の学び・実践の機会である、という自覚になる。

「五十にして天命を知る」

五十歳になると、さらに学問・修養が深まり、天の命ずるところ、すなわち内なる神性・仏性からの知恵（正しき直感知）というものをいただいているという意識・実感が強くなり、その重要さを自覚するようになる。この段階にくると、もはや単に自分が人間の頭で思考を重ねているだけではないということが明確に意識されてくる。

「六十にして耳順う」

六十歳になると、その内なる神性・仏性からの知恵がいっそう研ぎ澄まされ、その確信は深まり、そこからほとばしり出てくる知恵というものを、人間心で思い煩うことなく素直に実行していくことができるようになる。その知恵は、時に人間知・常識知をはるかに超えたものであるため、目先の視点で考えると「これはどうか」とためらったり、迷ったりしがちであるものだが、もはやこの境地にあってはそうした思い煩いはない。

「七十にして心の欲する所に従って、矩を踰えず」

七十歳になると、自分が思うこと、語ること、行うことが、そのまま神性・仏性からの知恵と一致するようになった。これは学問の最高極致で、自ら発する思い・言葉・行動がそのまま神性・仏性からの知恵と一致し、もうその区別がないような境地なのだろう。孔子はここに至って、常時、いかなる場面に遭遇しても、ほぼ完璧にこれを成しうる境地へと到達したのだと推測される。普通では、心境のよいある時やある問題に限っての対処ということであれば、自然に心のままに行ったことが的を射たものとなるということはありうるが、常時、いかなる場面においてもというのは、困難をきわめる。それを成しえるところまで心を進化せしめたということは誠に畏るべきことである。また、同時にそれは、心というものはそれほどまでに偉大なる可能性を秘めたものであるという光明をも示していると思う。

この「七十にして～」の学問の段階はひじょうに奥深くその全容ははかりかねるが、一面においては、次のような解釈も可能かと思われる。

思うこと、語ること、行うことがそのまま神性・仏性からの知恵と一致したものとなるとは、例えば、それを思想として書き表したのならばそれがおのずと真理、道理に適ったものとなるということだ。思うに、一人もしくは少数の聖人の書物を、徹底して精読して、深くその思想に穿ち入ったのならば、それは結局のところ、古今東西の様々な聖人、賢人の思想を会得したのと同様となると思うのだ。だから、そういう人が思想を書き表したのならば、おのずとその様々な聖人、賢人が言われたことと同じようなこととなる。それを書き表す人は、必ずしもその様々な聖人、賢人の書物を読んだわけではないが、自然に書くその内容が様々な聖人、賢人の思想内容に匹敵するものとなる。例えば、それが西洋の大哲学者とほぼ同様のものとなったり、キリスト教の大思想家とほぼ同様のものとなったり、仏教の大思想家とほぼ同様のものとなる。書いた本人は、これは誰それの思想と同じものだと説明はできないかもしれないが。だから重要なことは、まず一人もしくは少数の聖人の書物を徹底して精読し、奥深い真理を会得することだ。それをせずに、やたら、古今東西の様々な聖人の思想の書を表面的に多読してみたところで、奥深い真理を会得することはできないように思う。

ところで思想家にもいくつかのタイプがあると思うので、それを挙げておこうと思う。「七十にして～」の境地は当然ながら、「五十にして～」「六十にして～」の境地では、自己の内なる神性・仏性からの知恵（正しき直感知）の発現というものに重きを置いて思想を書き表していく。必ずしも多くの資料、文献をあたって、それを引用し、精緻に論を組立てていくわけではないが、それがおのずとそうした資料、文献の結論と大筋においては一致するというあり方だ。ただそのためには、相当の真理の学問、聖人の学問の蓄積が必要であることは言うまでもない。こういう人を悟性的思想家というのだと思う。これに比して、多くの資料、文献をあたって、それを引用し、精緻に論を組み立てていくことに比重を置くタイプを知性的思想家というのではないかと思う。また、感性的思想家というものもあるだろう。これは、聖人の教えを学んでいるわけではなく、かといって、資料、文献を多く引用して思想を書き表すわけでもなく、主に感じたこと、思ったことを時々に書き表していくようなタイプの人を言うのではないかと思う。これも主に直感的なものを用いて書くわけであるが、常に聖人の教えを学んでいる者のような深みはなく、また、常に物事の的を射た論を述べるとは限らない。ただ、それは多くの大衆の表面的感性に訴えかけ、そして共感を得るようになり、結果的には多くの人々を動かす強い力となることはある。

以上学問の段階について述べてきたが、要約するならば次のように言えよう。十五歳、三十歳、四十歳の段階というのは、どちらかというと、聖人といわれる人の書物を読んだり、話を聞いて真理を学び、その真理の言葉に基づいて、自分の頭で考え、判断し、行動していくということに比重が置かれている。これに対して、五十歳、六十歳、七十歳の学問の段階は、その書物や話で真理を学びつつも、しだいしだいに、内なる神性・仏性からのインスピレーションの知恵を得て、それを時々刻々実践していくほうへと比重が移っていく。

十一　子の曰《のたま》わく、故《ふる》きを温《あたた》めて新しきを知る、以て師と為《な》るべし。

先生がいわれた、「古いことに習熟してさらに新しいこともわきまえてゆくなら、人の師となれる」

解説

温故知新、解説書の役割

この教えは、この短い言葉のなかに、実に広く奥深い意味が内包されている。ここでは、根本としてどうしても押さえておくべきではないかと思う解釈を簡潔に挙げておく。

古《いにし》えの聖人の教え（現代において古えの聖人に匹敵する教えが説かれているのならばそれでもよい）、すなわち真理を深く会得することに努めたならば、現在の諸問題に対しても的確に対処していくことができるようになるし、未来の方向性もおのずと見えてくるようになる。こうした境地に達した者は、指導的な立場に立つことができる。

これは政治や経済、学問、芸術、事業など、どのような分野で生きる者であっても生かしていくことができる教えである。

また、論語の解釈をしていくうえでもこの精神は大切だ。それは、この論語の教えをより現代に生きるように解釈して示すということだ。論語の教えも、その原文や訳文だけでは、現代の人々にはもうひとつピンとこない、理解しにくい、とっつきにくいということで十分に多くの人々に親しみあるものとなりきらない感がある。それゆえに、現代のできるだけ多くの人々が、より親しみをもって学べるようにしていくこと、それが解説書のひとつの役割でもある。それによって多くの人々が論語を学ぶきっかけとなるようにしていく。この解説書も、多くの人々と論語そのものをつなぐ橋渡しのようなものである。そして、この解説書などを介在としてある程度論語に親しめるようになったのならば、その後は、自ら自身が論語の孔子の言葉そのものから学びとっていくということを中心としていくべきであると思う。そこから真に自らの人生、生活をより生かす知恵を学びとっていくことが大切である。孔子の言葉そのものに秘められたる大叡智というものは、この解説書の比ではないからだ。

十五　子の曰《のたま》わく、学んで思わざれば則《すなわ》ち罔《くら》し。思うて学ばざれば則ち殆《あや》うし。

先生がいわれた、「学んでも考えなければ、〔ものごとは〕はっきりしない。考えても学ばなければ、〔独断におちいって〕危険である。」

解　説

学問の真髄②

ここは特に真理の学問、聖人の学問を学んでいくうえで重要なことが述べられていると思う。

「学んで思わざれば則ち罔し」

論語を学び始めの頃というのは、原文などは普段聞きなれない言い回しであるし、そこから意味を読み取っていくのは難しいだろう。そこで、様々な訳文や解説書を読んで意味を探っていくことになる。それらを読んでもある程度理解できるものもあれば、今ひとつ理解ができなかったり、納得がいかないところも出てくるものだと思う。しかし思うに、そのように原文を何度か読んだり、いろいろな解説書を読んで大筋の意味をつかんだのならば、今度は原文を繰り返し読み、良き解説書を参考にしながらも、だんだんと自分自身がその意味を深く考えるという作業に重きをおき、そこから意味を汲み取っていくことが大切になってくる。ある人が書いた訳書、解説書を読んで意味を理解していくあり方というのは、外から意味を取込んでいくということに重きがおかれたあり方であるが、しかしだんだんとその一節一節に対して深く考えるという思索により、内からその意味を明らかにしていくほうに重きが置かれるようになってくる。

このように、真理の学問においては、読んだ一文、一節に対して、考えるという行為が是非とも必要である。そうすることによって文字として表された言葉以上の意味が明らかになってくる。よりいっそうの奥深い意味が明らかになってくる。この学問は読書と思索が一体となってはじめて完成に近づいていくものである。真理の書物、聖人の書物は単に一度流し読みし、表面の意味を理解した程度ではとても済むものではない。真理の書物、聖人の書物を単に一読して済ませてしまうのは、ちょうどアイスクリームをひとさじすくって食べただけで、残りはごみ箱に捨ててしまうに等しいだろう。そもそも論語のような聖人の思想というものは、生涯を通じて、読み、思索をし、そしてその奥深い意味をつかんでいくものである。

ところで、論語には、数多くの指針となる言葉が述べられているが、その言葉が直接、現実のある問題に対する指針となることもあれば、一見そうした指針となる言葉が見当たらないという場合もあるだろう。しかし、論語を常日頃深く学んでいる者は、その問題について思索をすることによって、それに対する最も良い知恵が湧いてくるようになるものだ。正しき直感知とでもいうべきものが研ぎ澄まされてくる。この正しき直感知、すなわち内なる神性・仏性からの知恵というものをつかみとっていく作業というものが思うこと、つまり思索にあたるとも言える。修養が極度に進んだ人であれば、問題が現れてもそれと同時にそれを解決するための優れた知恵が直感的に思い浮ぶようになるのかもしれないが、一般的には、その問題に対して自ら意志して思索をすることによって、その過程で良き知恵が閃くが如く思いつくということになるものだ。まず自らが考えるという努力がいる。ただボーッとしているだけで良き知恵が湧き出てくるというものでは必ずしもない。この思索をする、考えるという人間の行為には実に特別な深い意味があるように思われる。その知恵がいかに湧き出てくるかは、その知恵そのものが直接的に湧いてくることもあれば、その問題解決にふさわしいことが書かれている本を読みたくなったり、あるいはそれにふさわしい人に会いたくなるというように、その時々に応じて千差万別だ。これはすなわち「学んで思えば則ち明るし」ということであって、論語を常日頃深く学んでいるならば、ある現実の問題が起きたとしても、それについて思索をするならば（思えば）、その問題を明らかにする知恵が湧き出てくる、と解することもできる。ここが論語のような真理の学問の偉大なところであり、それを学ぶ大いなる功徳でもある。孔子の教えでは、一般的に宗教で見られる祈りや瞑想を行い叡智を汲み取るという作法については明確に説かれていないが、実際のところはこの「思う」というところがそれにあたるのだと思う。聖人の教えを学び、それについての深い思索をすることによって、内なる叡智、すなわち内なる神性・仏性からの知恵がだんだんと開顕するようになってくる。だから、聖人の思想を学ぶにしても、単にその冊数を競うような読書では、表面的な知識は多く得られるかもしれないが、それだけでは、真に多くの人々を感化していくような奥深い叡智、大事にあたって決して誤ることのない叡智とはなりえない。

「思うて学ばざれば則ち殆うし」

これは真理の学問、聖人の学問というものを学ぶことなく、ただ現象的な学問、実学的な学問、例えば法律学や経済学などを学ぶのみで、そうした知識の枠のなかだけで思考を巡らして、何らかの発想、政策、思想を打ち出していくのは、ひじょうに歪んだものになることがあるから危険である、ということを言われている。

例えば法律を取り扱う職業を例にとれば、共に同じような膨大な法律知識を一所懸命勉強して、社会的に尊敬される立場となっていく。しかしある者は、日本の歴史、伝統、文化を尊重し、大切にし、その基盤に立って、さらなる日本の発展を築いていこうという観点から活動し、これが普通に考えれば道理に適った正当なあり方であると思うが、ある者は、日本の過去の悪しき面ばかりをやたら強調し、永い歴史のなかで育まれてきた日本の国体というものなどもあまり考慮することもなく、本人は良いと思っているのかもしれないが、やることなすことがことごとく歪んで、日本の国益を害したり、貶めたりすることに終始する。

真理の学問という学問の根本にあたるものが軽んじられると、どれほど現象的な学問、実学的な学問を積み、優秀な人間になったとしても、肝腎な道理という観点が抜け落ちているから、大局的に進むべき方向を誤ることがおうおうあるので危険である。

十六　子の曰《のたま》わく、異端を攻《おさ》むるは斯《こ》れ害のみ。

先生がいわれた、「聖人の道と違ったことを研究するのは、ただ害があるだけだ。」

解説

まず中心を押さえよ

学びにおいては、いや、ある意味、人間生活の営みの中心には、真理の学問、聖人の学問を据えていくことが大切だ。それとは異なるもの、端にあるものばかりの追求に明け暮れ、中心なるものを忘れてしまうと、どうしてもそこに不調和、害悪が影をさすようになってくる。

特に学問の中心は、真理（聖人の教え）を学ぶというところにあるということは絶対にまず押さえなければならない。それを押さえたうえで、その他の専門的な諸学問を押さえていくことが必要だ。この根本は絶対に踏み外してはならない。

さらにこの学びは、人生において不断になしていかなければならない。常に学び、その奥の奥の奥まで把握していくよう努めていかなければならない。この学びは、人生のある一時期にやったからもうそれで十分で、あとは日常の実務をこなしたり、専門的な諸学問をやっておればよいという次元のものではない。この学問は、人間であれば毎日食事をするように、日常的に行っていかなければならないものなのだ。

この学びを忘れてしまえば、まさに太陽が隠れれば暗くなるように、人格向上の面においても、運命の面においても、社会においても、不調和が現れてくるようになる。ほんの軽い気持ちによる忘却ではあろうが、真理（聖人の教え）を学ぶことがいかに重大なことであるかの認識の欠如が、知らず知らずのうちに様々な面での不調和を呼び寄せてしまう。これが、知らずに犯す罪の重さということでもある。これはちょっと忘れたですむものではなく、この忘却は個人の人生の面においても、国家の面においてもまさに存亡にかかわる一大事であるのだ。

これは、国家、政治という観点からもひじょうに重要なことだ。何を中心に据えるかによって、国家の繁栄、国民の幸福というものが決してくる。真理すなわち道徳や宗教というものを中心に置かず、経済であるとか、社会保障であるとかが、あたかも国の中心、政治の中心であるかの如く錯覚して、それぱかりに汲々としても、なかなか世の中は良くならない。むしろ害悪のほうが多いのではないかという世情を呈する。これは、本来中心に据えるべきものを中心に据えないからだ。この道徳や宗教が現在隅に置かれているというのも、必ずしも誰かがひじょうに憎んでそれを封じこめているわけではないだろう。むしろ安易なかたちで忘却されているのだろう。しかし、この安易な忘却の代償はあまりにも大きいということに、そろそろ気づかなければならないのではないだろうか。

あくまでも真理の学問、あるいは道徳、宗教といってもよいが、その流れのなかで、その他の諸学問、政治、経済、芸術などもあるということを認識しなければならない。その中心となるべきものを押さえずに端にあるものばかりをいろいろ追求してみても、次から次へと混乱が現れてきて、いっこうに収拾がつかないことになる。

里仁第四

十七　子の曰《のたま》わく、賢《けん》を見ては斉《ひと》しからんことを思い、不賢《ふけん》を見ては内に自ら省《かえり》みる。

先生がいわれた、「すぐれた人を見れば同じようになろうと思い、つまらない人を見たときにはわれとわが心に反省することだ。」

解　説

偉人を志せ

「賢を見ては斉しからんことを思い」

優れた人物を見ては、自分もその如くなろうと志す。そして、その人物の言葉、行動、生き方によく学ぶ。ここでは、単に日常接する人のことだけを言っているのではなく、過去の聖人、賢人の生き方、その言葉、行動を学ぶことの重要さをも含めて説かれている。過去の歴史を振り返れば、優れた人物は数多くおられる。そして、その過去の優れた人物を研究していくことは、とても大切なことだ。さらにその過去の優れた人物を研究していくなかで、特に自分にとって心魅かれる人物との出会いを大切にすることだ。その縁を大切にすべきだ。そうした人物に出会ったのならば、その生き方をよく学び、特にその人が著した思想があるのならば、それを徹底的に学ぶことも大切だ。言葉は、ある意味、その人の生命そのものであり、それを吸収していくことは、おのずとその人物に近づいていくことになるだろう。また、その人物が何を学んでいたのかを見ることも大切だ。そしてその学んでいたものを徹底して学んでいったのならば、当然その人物に近づいていくであろうし、あるいは、その人物を超える境地に達することもある。学ぶものによっては、そのようになることもある。

この過去の聖人、賢人、偉人を見ては、自分もそのようになろうと志す、こうした精神は、家庭のなかでも、学校のなかでも、さらにはもっと広く日本の社会全体のなかでも、もっともっと徹底されねばならないと思う。これは、人づくり、人間として向上していくための根幹となる重要なところだからだ。この根幹を押さえずして、専門技術や専門知識、表面的な道徳ばかりを教えこむことに汲々としたところで、真に優れた人物、スケールの大きな人物は育成されないように思う。

また大切なことが、優れた人物たらんという志を持って生きることと同時に、「不賢を見ては内に自ら省みる」にあたるところで、自分自身の短所、弱点を克服していくことも大切だ。しかし、これは、自分一人で生きていたり、ただひたすら内省していても、なかなか気付かないもので、実際は自ら接する人で、苦手だ、嫌だ、愚かだと思うような人に、おうおうそれが自分のなかにもある悪しき面として、鏡の如く映っていることは多いものだ。そこで冷静に自らの短所をよく見つめ、それを改めるよう努めていくことが大切になる。優れた人物になろうという努力とともに、この短所を克服していく努力も必要なのは、その短所を全く放置したままにしておくと、やがて優れた人物として伸びていくことに対しての足枷《あしかせ》ともなってくるからだ。

ここでは、過去の聖人、賢人、偉人の如くなろうと志す、ということを述べたが、当然のことながら、現在今おられる、その偉人の如くなろうということであってもかまわない。ただ、現在の人物の場合、偉人としての評価が十分に固まっていないところもあり、本当に偉い人物であるか、まだわかりにくいところがあるから、もうすでに偉人としての評価がある程度固まっている、過去の人物のほうが、明確に偉人を志すという目標を立てやすい。そこで、まずは、過去の聖人、賢人、偉人の如くなろうと志せと言っている。

二十三　子の曰《のたま》わく、約を以てこれを失する者は、鮮《すく》なし。

先生がいわれた、「つつましくしていて失敗する人は、ほとんど無い。」

解説

成功のなかで心すべきこと

華やかな成功が現れてきた時にこそ、注意せよ。心引き締めよ。その時にこそ今の自分の実力を注視せよ。自分が本来なすべき仕事は何かを問い、それに徹せよ。成功の美酒に酔いしれ続けてはいけない。称賛の声に流され続けてはいけない。

公冶長第五

九　子、子貢に謂《い》いて曰《のたま》わく、女《なんじ》と回《かい》と孰《いず》れか愈《まさ》れる。対《こた》えて曰《い》わく、賜《し》や、何ぞ敢《あ》えて回を望まん。回や一を聞きて以て十を知る。賜や一を聞きて以て二を知る。子の曰《のたま》わく、如《し》かざるなり。吾れと女《なんじ》と如かざるなり。

先生が子貢に向かっていわれた、「お前と回とは、どちらがすぐれているか。」お答えして、「賜(このわたくし)などは、どうして回を望めましょう。回は一を聞いてそれで十をさとりますが、賜などは一を聞いて二がわかるだけです。」先生はいわれた、「及ばないね、わたしもお前といっしょで及ばないよ。」

解説

一を聞きて以て十を知る

「一を聞きて以て十を知る」

真理の学問というものは、限りなく奥深く、一つの教えからも優に十の意味を汲み取れるぐらいの奥深さがあるということを象徴した言葉である。聖人の言葉として文字で表されたものはあくまでも真理の一部が表現されたものであり、その奥には実に巨大なるものがある。真理を学ぶ者はその一つの教えから十の意味をつかみとっていくぐらいの気概を持って学ぶことが必要だ。

真理の学問を深く深く学んでいくことによって、だんだんとこの「一を聞きて以て十を知る」能力が高まっていく。これは、組織の上に立って大局的な判断を下していく立場にある者にとっては、特に必要な力であると思う。組織の上に立つ者は、何よりも大局面で誤ることなく正しい判断をしていくことが求められる。組織の上に立つ者が、あまり専門的な細かいことばかりにとらわれる性質であると、かえって大局的な判断を誤ることもある。そこで大切なのが「一を聞きて以て十を知る」という能力だ。ある程度断片的な情報のなかからも、その全体像を正しく把握していく能力だ。これはそう一朝一夕では得られるものではないだろうが是が非とも磨いていかなくてはならない能力であろう。組織の上に立つ者は、まず大局的な正しさを掴むことが第一であり、末端の細かいところにまですべてに精通していくなどということは、体力的にも、時間的にも不可能なことだ。

「子の曰わく、如かざるなり。吾れと女と如かざるなり」

この孔子の真意はどう解するべきか。言葉通り解すれば、顔回はすでに孔子より優れた境地になっているということになるが、実際いかに顔回が優れているとはいえ、そういうことはないだろう。子罕十一で顔回が孔子を評しているのをみても、孔子との差は圧倒的なものがある。となると、孔子がここでこのように言われたのは、学問のその修養段階にある者としては、顔回の素質の優れていること尋常一様ならざるものがあるということを賛嘆して言われたのではないかと思う。それは孔子が自分の学問の修養段階の時と比べてみても、自分もそこまではなかったということから、それを賛嘆されたのだろう。孔子だとてある修養段階までは、子貢と同じように「一を聞きて以て二を知る」というふうで、特別優れていたという自覚ではなかったのかも知れない。（しかしその後の修養により、圧倒的な学問的境地に達し、太陽や月の高みとその辺の小高い丘との差があると喩えられるような、常人ではとても及ぶべくもない境地に達した。)

ここで学ぶべきことは、努力はしているつもりであるが、今一つ伸びず、「自分は愚鈍な性質だ」と気落ちし、目標をあきらめたくなることもあるかもしれないが、決してそこで投げ出すことなく、粘り強く努力を継続していったのならば、大いに飛躍するときが必ずあり、そして偉大なる人物となっていくことができるのだ、ということなのではないだろうか。つまり、この言葉は孔子が子貢を励まそうとして言われたのではないだろうか。

雍也第六

二十　子の曰《のたま》わく、これを知る者はこれを好む者に如《し》かず。これを好む者はこれを楽しむ者に如かず。

先生がいわれた、「知っているというのは好むのには及ばない。好むというのは楽しむのには及ばない。」

解説

知る者、好む者、楽しむ者

まずはわかりやすい例で説明しようと思う。

例えば、音楽を例にとってみれば、「これを知る者」とは、学校の授業でクラシック音楽を聴いて、クラシック音楽とはこういうものかと理解するぐらいの境地。「これを好む者」とは、さらにそこから興味を持って、自分からいろいろなクラシック音楽を聴きたいと思って、様々なCDを買って聴いたり、演奏会に行ったりとクラシック音楽を聴くことが趣味だと言えるぐらいの境地。「これを楽しむ者」とは、さらに興味を深くして、自分で楽器を演奏するというように、自分で音楽を奏でて楽しむような境地である。実際に音楽を奏でてみることによって味わいうる喜びというものはあるものだと思う。

次は論語などの真理の学問の学びを例にとって、もう少し詳しく説明してみようと思う。

「これを知る者」とは、例えば、自分ももういい年だから、ひとつ論語でも学んで骨のある教養を身に付けてみようかと、学び始めたぐらいの境地。あるいは、何らかのきっかけで論語の本を読む機会があり、一、二回通読して、「なるほど論語とはこういうものか」「ああ、いいことが書いてあるな」というぐらいの境地。

「これを好む者」とは、先に挙げたようなことがきっかけとなり学び始めた論語が、学んでいくなかでいっそう興味が深まり、論語の魅力に打たれ、いわゆる論語が好きになり、さらにもっと詳しく知ろうとして、いろいろな解説書を読んだりと、論語の学びがごく自然に生活の一部となり、継続してくことができるような境地。こういう人は、そのように好きで熱心に研究を続けていくなかで、時に世間から脚光を浴びるような成果を上げることもある。好きなことを続けていたら、やがてある時に、世間から注目されるようになり、一躍時の人となるというのは、よく見かけることである。

「これを楽しむ者」とは、論語に興味を持ち、好きでその学びに熱中し、さらにそのうえに高い志、理想を掲げて生きている人のことをいう。論語を学ぶ者であれば、明確に聖人、君子あるいは偉人になるという志を持って、この教えを学び、実践していくということを、喜びをもって行える人のことをいう。もっと具体的にいえば、同じく孔子の教えを学んだ孟子や王陽明の如き歴史に名を遺す大人物となるという志を掲げる。また分野は違うが、西洋の思想、哲学を学んでいる者であれば、ソクラテス、プラトン、カント、ヘーゲルの如き大思想家となるという志を掲げる。音楽に打ち込む者であれば、バッハ、モーツァルト、ベートーベンの如き大音楽家となるという志を掲げる。このように単に好きで熱中するのみならず、高い志を持つことによって、さらに偉大なる人物、歴史にその名を刻む大人物となっていく可能性が高まる。この高い志、理想を持つということが、人間をさらに偉大なる境地へと引き上げてくれることになる。

以上「これを知る者、これを好む者、これを楽しむ者」の説明をしたが、大雑把に言えば、その道の三流、二流、一流の違いとでもいえようか。しかし、世には一般的な思考の範疇を超えた天才もいるから、「これを好む者」の如くただ好きなことに没頭しているなかで、時代を超える大人物となっていくようなこともあるだろう。

二十一　子の曰《のたま》わく、中人《ちゅうじん》以上には、以て上《かみ》を語《つ》ぐべきなり。中人以下には、以て上を語ぐべからざるなり。

先生がいわれた、「中以上の人には上のことを話してもよいが、中以下の人には上のことは話せない。〔人を教えるには相手の能力によらねばならない。〕」

解　説

真理の学問の中級者

これは、様々な分野での教育の指針となる言葉であるが、ここでは、真理の学問、聖人の学問の立場から解釈しようと思う。

真理の学問においては、それが中級以上の学問段階にならないと、本格的に内なる神性・仏性からの知恵（正しき直感知）の運用というものはできないものだ。真理の学問にふれ、ある程度の修養期間を経て、自らの心もかなり浄化され、真理の知識というものもかなり多くかつ深く蓄積されているような状態になってこないと、実際のところは、内なる神性・仏性からの知恵を優れて発揮するということはできない。ほとんど真理の学問に縁が無い者、また、真理の学問を始めて日が浅い者に、内なる神性・仏性からの知恵の大切さを説いても、なかなか理解されるのは難しい。なかには、何でもかでも直感的に思いつくことを実行していけばよいのかと安易に捉えて、単に自我我欲のままに生き、人や社会に害悪を与え、結局は自己破滅の道を辿るようなこともある。真理の学問にふれて日が浅い者であっても、ある程度、心の清らかな者であれば、それを生かしていけば、良い成果を上げることはできる。例えば、その内なる催しにしたがって行動するようにしたら、日常生活の様々な事が、スムーズに進むようになったというように。電車に乗れば、ちょうど席が空いて座れるようになったとか、買い物に行けば、うまい具合に欲しい物が一つだけ残っていて、買うことができたなどということは、起こりうることだ。しかし、まだ、心の浄化、真理の知識の蓄積が浅い段階では、内なる神性・仏性からの知恵の発揮とはいっても、その発揮の仕方は、日常生活上の小さな範囲にとどまらざるを得ない。この心の浄化、真理の知識の集積がいっそう深まってくるにつれて、内なる神性・仏性からの知恵の発揮のされようがますます優れたものとなり、例えば、自己の真の天分、才能の自覚に至り、よりいっそう深い生きがいある人生の展開ということにつながってきたり、さらには、国の混迷を救うような偉大なる叡智となって現れることもある。

ここで、真理の学問の中級者について説明しておこうと思う。真理の学問における中級者とは、真理（聖人の教え）に対する自覚というものが常人と比べてはるかに深いものがある。一般的には、聖人の教えとはいっても、数多くある思想のうちのひとつとか、多くのものよりはやや優れているかぐらいの認識であると思うが、その中級者と言われるような人は、こうした聖人の教えというものは、まったく別格的に高い次元のものであり、別格的な価値があることを明確に自覚している。そしてそれこそが、この世界において最も重要なものであり、どのように時代が変わろうとも、国や社会というものは、これを最も重要な中心的柱として運営されていかなくてはならないということを知っている。そして、自己の使命とは、真理を中心として修養に努め、人格の向上をめざしつつ、自己の天分を最大限発揮して、真理を根本に据えた天（神）の願われる社会の実現に尽くすという不動の自覚を持っている。こうした人が真理の学問の中級者であり、実際はこの段階に至ってのち、本格的に、優れて、内なる神性・仏性からの知恵を発揮し運用できるようになってくる。

二十二　樊遅《はんち》、知を問う。子の曰《のたま》わく、民の義を務め、鬼神を敬してこれを遠ざく、知と謂うべし。仁を問う。曰《のたま》わく、仁者《じんしゃ》は難《かた》きを先きにして獲《う》るを後《のち》にす、仁と謂うべし。

樊遅が智のことをおたずねすると、先生はいわれた、「人としての正しい道をはげみ、神霊には大切にしながらも遠ざかっている、それが智といえることだ。」仁のことをおたずねすると、いわれた、「仁の人は難しい事を先きにして利益は後のことにする、それが仁といえることだ。」

解説

知と仁

「民の義を努め、鬼神を敬してこれを遠ざく、知と謂うべし」

様々な選択の局面にあたっては、人間として正しい道を歩むということを第一義としていく。天（神）を敬う気持ちを大切にし、天の願う生き方をするように努めて、まず名誉や地位、物質的利益、金銭的利益を得たいというようなご利益信仰は深く戒める。これが知の正しいあり方だ。

「仁者は難きを先きにして獲るを後にす、仁と謂うべし」

仁者は、たとえそれが困難な道であるとしても、天（神）が願われるところの使命、仕事を断行していくことを第一義として、人々からの評価のことは第二義のこととする。その仕事を遂行していく時には、囂々《ごうごう》たる批難の嵐が巻き起こることはあるかもしれないが、それが天意、神意に適う見識だと思うならば、断行していく気概が必要だ。その時は大きな批判に見舞われることになるかもしれないが、その判断が時代の流れを変え、結果的に多くの人々を益するようになることは確かにあるのだ。そしてその人も、数十年後か、数百年後かはわからないが、多くの人々から敬われる偉人のひとりとして輝きを発する時がくるのだ。

もうひとつの解釈を挙げておく。これはキリストの「与えよ、さらば与えられん」に相当する教えを、孔子はこのような表現で言われたのではないだろうか。「難きを先きにして」とは、「まず、与えよ」ということであろう。そして、「まず、与える」行為をなしたのならば、おのずと与えられるようになる。それが「獲るを後にす」ということであろうと思う。まず与えることが先であり、得るのはその後のことだ。真に得るためには、まず与えることが必要だ。

そして、この「与える」に際して、ひとつの目安となる大切な精神が「己れの欲せざる所は人に施すこと勿かれ」(顔淵二)だ。自らの良心に照らして、その「与える」行為が、ただ形式的であったり、惰性的であったり、押し付けであったりと、結果的に自分であればたいして欲しいとも思わないものを与えるようなことになっていないか、ということを常に考えることが必要であると思う。人間の良心とは、普遍性があるものであるから、自分であれば真にそれが欲しいかという視点に立って与えるということを心がけていけばそう大きく誤ることはない。

二十三　子の曰《のたま》わく、知者《ちしゃ》は水を楽しみ、仁者は山を楽しむ。知者は動き、仁者は静かなり。知者は楽しみ、仁者は寿《いのちなが》し。

先生がいわれた、「智の人は〔流動的だから〕水を楽しみ、仁の人は〔安らかにゆったりしているから〕山を楽しむ。智の人は動き、仁の人は静かである。智の人は楽しみ、仁の人は長生きをする。」

解説

知者は水を楽しみ、仁者は山を楽しむ

知者は、真理（聖人の教え）をいかに活用していこうか、いかに実践していこうかというあり方が強く、その様は水の如く動的である。仁者は、深く真理と一体の境地であり、その様は山の如く静的である。

知者はどちらかというと人間的にいろいろと思考を巡らして、どのように真理を活用していこうかということで、活発な動的なあり方である。仁者は深く真理と一体となっており、人間的にいろいろ思考を巡らして、真理を実践していくというよりは、その時々において、優れた直感知、すなわち内なる神性・仏性からの知恵が湧き出てきて、それに基づいて行動して、しかもそれが的を射たものとなる。平素は寂としているような様から、その時々において、稲妻が光るが如く最も優れた知恵が発してくるようなあり方である。

知者は、真理の活用を楽しみ、仁者は、常に真理と一体の境地にあり、それは常楽そのものの境地である。

二十七　子の曰《のたま》わく、君子、博《ひろ》く文を学びて、これを約するに礼を以てせば、亦た以て畔《そむ》かざるべきか。

先生がいわれた、「君子はひろく書物を読んで、それを礼〔の実践〕でひきしめていくなら、道にそむかないでおれるだろうね。」

解　説

読書と真理

ここは、単なる多読というものを戒めたものとも解することができる。

多くの書物を読んでも、真理の学問を基準として、その善悪を、価値あるものと価値少なきものとを峻別して、善きもの、より価値あるものを吸収していくならば、それは道理にそむかないあり方だ。

とにかくたくさんの書物を読んで、何でもかんでも全く無批判に、あるいは感性のままに吸収していくようなあり方であると、一般には良いと言われている読書も、必ずしも健全なる人格の向上をもたらさないものとなる。無限の向上の道を歩むためには、論語のような聖人の書物をしっかりと読んで、自らの内に真理的価値観の確立に努めていくことが重要だ。

この一節も、実に多くのことに応用できる教えであると思う。例えば、この文というところを経験という観点から見てみると、この論語の学びが深まって心境が向上してくると、自分自身の過去の様々な経験がまた違った観点から捉えられるようになり、今まで気付かなかった教訓というものが発見できるものだ。この境地になってくると過去の経験も無限の叡智の宝庫となってくる。おそらく日本の歴史、世界の歴史についても、真理の学問の深まりとともに、汲み取れる叡智がいっそう多く深いものとなってくるのではないだろうか。

二十九　子の曰《のたま》わく、中庸《ちゅうよう》の徳たるや、其れ至れるかな。民鮮《すく》なきこと久し。

先生がいわれた、「中庸の道徳としての価値は、いかにも最上だね。だが、人民のあいだにとぼしくなってから久しいことだ。」

解説

中庸の徳

この「中庸の徳」とは、まさに自己の内なる神性・仏性からの知恵（正しき直感知）が発現する境地のことを言っている。これが発揮されれば、物事に臨んでおのずと的を射た対処ができるようになる。「中庸」とは、一般的に極端にはしらずにほどよさを守ることというように解されるようだが、つまりは、物事にあたっては的を射た対処をする様、その本質を見抜く様を言われた言葉である。だからこそ、この境地は至上なるものと言いうる。しかし、この境地に至るためには、常に邪念、邪欲などの迷いを捨て去り、真理の言葉を深く心に刻みつけていくという修養を絶えず積み重ねていく必要があることは言うまでもない。

述而第七

一　子の曰《のたま》わく、述べて作らず、信じて古《いにし》えを好む。窃《ひそ》かに我が老彭《ろうほう》に比す。

先生がいわれた、「〔古いことにもとづいて〕述べて創作はせず、むかしのことを信じて愛好する。〔そうした自分を〕こっそりわが老彭〔の態度〕にも比べている。」

解説

偉大なる真理

私は、古えより変わることのない価値を有する真理を語る者である。一たす一が二という数学的真理がいかなる時代、いかなる地域であっても不変であるように、道徳的真理、宗教的真理もその真髄となるところは、不変である。私はそれを語るのだ。私は、この真理の偉大なる価値を深く確信して、魂の歓喜をもって学んでいる者だ。

二　子の曰《のたま》わく、黙《もく》してこれを識《しる》し、学びて厭《いと》わず、人を誨《おし》えて倦《う》まず。何《なに》か我れに有らんや。

先生がいわれた、「だまっていて覚えておき、学んであきることなく、人を教えて怠らない。〔それぐらいは〕わたくしにとって何でもない。」

解　説

学びと教導

ここも、真理の学問、聖人の学問を行う者にとって、根幹にあたる重要なことが説かれている。

「黙してこれを識し」

真理の書物、聖人の書物を読むなかで、ここは重要であると思う箇所は、心静かに一心に暗記に努める。さらにそれについて深く考え、その奥深い意味の把握に努める。

この暗記ということについては、その時暗記したとしても、時間が経つと忘れてしまうことがあるから、適当な時に、忘れてしまわないよう確認をすることが大切だ。そして、こうした作業を繰り返していくなかで、永遠に心に刻みつけ、忘れない境地にまでもっていくことが大切だ。実際それは可能であると思うのだ。例えば、「あいうえお、かきくけこ」の五十音ということであれば、普通の人は永遠に心に刻みつけられ忘れない境地となっている。原理はまさにそれと同じだ。いつでもその言葉を容易に思い出せる境地といってもよい。ある意味その言葉は、永遠の昔から自分の心のなかにあり、これから未来においても永遠に自分の心のなかにあって失われることがないということが自覚される境地と言ってもよいだろう。

また、この真理の言葉を暗記するという行為は、心理学で言うところの潜在意識に刻みつける、あるいは浸透せしめるということにも結果的にはなっている。この真理の言葉の暗記を繰り返し、次第に潜在意識に多くの真理の言葉が刻みつけられるようになってくると、閃き、インスピレーションというものが、だんだんと多くなってくる。これは、潜在意識のさらに奥にあるところの神性、仏性というものに感応して、そこから知恵が浮かび上がってくるのではないかと思われる。そして、この知恵というものは、自分でも感心するぐらいに優れたものであり、単に自分の頭で考えて出てきたものではないということが、実感として感じられるようになってくる。この閃き、インスピレーション、すなわち神性・仏性からの知恵を多く反映した思想、哲学が、一流のものとして後世にまで遺っていくものである。また、芸術においてもそのようなものが、一流のものとして永く遺っていき、それ以外の、政治的業績や何らかの事業であっても、この神性・仏性からの知恵が反映したものであってこそ、後世まで永く人々に称賛されるものとして遺っていく。天才についての言葉で「九十九パーセントの努力と一パーセントの閃き」というものがあるが、人間として九十九パーセントまで、極限の極限まで努力していくことは大切であるが、いっぽうでこの閃きの大切さも忘れてはいけない。九十九パーセントの努力だけでは、九十九の成果しか上げることはできないが、そこに一パーセントの閃きが加わるときに、それが単に百にとどまらず、その成果が二百にもなれば、千にもなり、さらに一万にもなっていく。一パーセントの閃きが加わることによって、次元を超えた、価値あるものが生み出されるということだ。そこが、ただ一時的に脚光を浴びるもので終わってしまうのか、永く人類から称賛され続けるものとなるかを分けることになる。

さらに、真理の言葉、聖人の言葉については、深く考えるということが大切だ。これも絶えず繰り返し繰り返し行うべきことだ。一度奥深い意味をつかんだと思うから、もうその言葉については考える必要はないというものではない。聖人の言葉というものは、一度奥深い意味をつかんだように思えても、実はさらにさらに奥深い意味が秘められている。特に、先に説明したように、真理の言葉、聖人の言葉を暗記し、潜在意識に多くそれが刻まれるようになると、閃き、インスピレーションとして、さらに奥深い意味、新たな意味が顕らかになってくるという面もある。

「学びて厭わず」

先のような学びを、厭きることなく継続して行っていくということだ。

「人を誨えて倦まず」

自らの学びに努めつつも、いっぽうには、自ら学び得たことを人に伝えて、人をも向上に導いていくということが大切だ。論語のような真理の学問というものは、単に、自己の修養のために学ぶ、自己の向上のために学ぶというだけの学問ではなく、さらに利他という行為があってはじめて完成に近づいていく学問だ。真理の学問の道に入った以上は、学んだことを、いかに人に伝えていくか、人のために生かしていくか、人のために役立てていくかという利他の視点を決して忘れてはならない。どれほど学問が好きで、自己の向上のためと、書物を何千冊、何万冊読もうと、利他の視点が抜け落ちてしまっては、袋小路に入ってしまい、学問をやれどもやれども、向上している感が持てないということになってしまう。つまり、自己修養、自己向上という観点のみで、いくら学問に熱心に打ち込んでみても、五十パーセントの完成しか遂げることができない。百パーセントの完成へと近づけていくためには、利他という視点を入れていかなくてはならない。

六　子の曰《のたま》わく、道に志《こころざ》し、徳に拠《よ》り、仁に依《よ》り、藝に游《あそ》ぶ。

先生がいわれた、「正しい道を目ざし、〔わが身に修めた〕徳を根拠とし、〔諸徳のなかで最も重要な〕仁によりそって、芸〔すなわち教養のなか〕に遊ぶ。」

解　説

一流の人

ここは、君子のあり方、すなわち真に優れた人物、一流の人物のあり方を短い一文で端的に示しており、人間としての向上を目指し、修養に努める者にとって、常に省みるべき重要な教えだ。

「道に志し」とは、真理の会得に志すということだ。この真理というものは、本当は、実に幅が広い。天、神に関する真理もあれば、人としての生き方に関する真理もあれば、数学上の真理もあれば、科学上の真理もあれば、政治上の真理もあれば、というように厳密に言えばひじょうに幅広い。（ただ、真理の学問、聖人の学問で対象とする真理は、天、神に関する宗教的真理や人としての生き方に関する道徳的真理が主であると考えていいだろう。）しかし、人間にとってまず会得すべき大切な真理とは、人間としての正しい生き方を示す道徳的真理である。これがすなわち「徳に拠り」ということだ。さらにその道徳的真理のなかでも、特に重要なのが仁（思いやり、愛、利他）ということだ。すなわち「仁に依り」ということだ。ところで、すでに何度か述べた、学問の根幹である、自己の内なる神性・仏性からの知恵（正しき直感知）を発揮するということも、これは主に知的な側面から学問を捉えたような感もあるが、これだとて、「仁に依り」ということと全く一致する。神性・仏性からの知恵を正しく発揮しえたならば、それはおのずと多くの人々を生かすものとなる、すなわち仁（思いやり、愛、利他）となっていく。そのうえで、様々な学問や芸術にも広く親しんでいく、すなわち「藝に游《あそ》ぶ」、これが君子のあり方というものだ。

優れた人、一流の人というのは、観察してみると、やはりこういう要素を持っている。真理に対する理解があり、そういう人は道徳というものを重んじるし、さらに、自分が置かれた立場のなかで、人のため、社会のためになる行為というものを実践している。また、そういう人は、自分の基本信条となる宗教、思想、哲学は持っているが、それだけを掴んでいればよいというような狭い考え方はとらず、実に感心するほど、幅広く様々な学問、芸術などにも通じている。だから、特定の宗教、思想、哲学だけを修めておればそれでよいとか、さらには、自分が学んでいるもの以外は、すべて邪説であるというような態度をとる人というのは、まだまだ学問が不十分な段階にあると言わざるを得ないのではあるまいか。(もちろん、一定段階までは、自分の考え方の基礎を確立するために、まず特定の宗教、思想、哲学を重点的に学んでそれをよく会得するということは必要であろうが。)

十五　子の曰《のたま》わく、疏食《そし》を飯《くら》い水を飲み、肱《ひじ》を曲《ま》げてこれを枕とす。楽しみ亦た其の中《うち》に在り。不義にして富み且《か》つ貴きは、我れに於《お》いて浮雲《ふうん》の如し。

先生がいわれた、「粗末な飯をたべて水を飲み、うでをまげてそれを枕にする。楽しみはやはりそこにもあるものだ。道ならぬことで金持ちになり身分が高くなるのは、わたくしにとっては浮き雲のよう〔に、実のない無縁なもの〕だ。」

解　説

至高なる味わい①

心が真理の学問を真に味わいうる境地になると、五官の喜び、肉体の喜びなどというものは剥落してしまう。おいしいものを食べる喜びなどというものは、本当に取るに足りないものと思えてくる。圧倒的なる真理の味わいに打たれ、食べ物による喜びなどは一気にかすんでしまう。これは、修養のため、向上のために真理を学ばねばならないと戒律的に学ぶ段階ではなく、その至高の味わいゆえに、一分一秒でも多く真理の学びをせずにはおれないというような境地である。まして、真理からはずれた方法で富や地位などを追い求めるのは、浮き雲のように実体の無いものを追いかけるようなもので虚しいものである。

十六　子の曰《のたま》わく、我れに数年を加え、五十にして以て易《えき》を学べば、大《だい》なる過《あやま》ち無かるべし。

先生がいわれた、「わたくしがもう数年たって、五十になってから学んだとしても、やはり大きな過ちなしにゆけるだろう。」

解説

誰にも真理の学問を理解する心がある

どれほど遅い年齢から、真理の学問を学び始めたとしても、それを真剣に学び、その道を歩んでいくのならば、人生において大きな過ちをすることはなくなる。

これは、人に道（真理）を伝える、人を真理の学問に導く、そういう側の観点からも解釈できる。この「大なる過ち無かるべし」であるが、この「大なる過ち」とは、本来人間であれば、誰でも学ぶべきものである真理の学問を学ばないということが、まさにいちばんの大きな過ちである。だから、ここは、どんなに遅い年齢から真理の学問を学ぶきっかけを得たとしても、あるいは、今までこうした真理の学問などとは全く縁が無い世界で生きてきた人であっても、よく導いてレールの上に乗せてあげるようにしていったのならば、自分自身が、自ら好んで真理の学問の道を歩んでいけるようになる、という意味合いをも含んでいる。それゆえに、人に道（真理）を伝える側は、この人は、今まで全く真理の学問とは無縁の人生を生きてきたから、今さら真理の学問の道に入らせることは無理であるとか、自ら好んで真理の学問の道を歩んでいくなどは、とうてい不可能だと、人間心で勝手に限定するようなことがあってはならぬ。

十七　子の雅言《がげん》する所は、詩、書、執礼、皆な雅言す。

先生が正しい言語を守られるのは、詩経・書経〔を読むとき〕と礼を行なうときとで、みな正しい言語であった。

解説

正しい言葉

現代的にわかりやすく解釈するならば、詩経、書経を読むときというのは、真理の学問、聖人の学問、道徳の学問などを講義するとき、語るときということだ。礼を行うときというのは、真理の実践、道徳の実践を行うときということである。だから、ここは、真理を語るときやその実践をするときに使う言葉は正しい言葉を使ったということだ。

真理を語るにしても、それを今時のひじょうにくだけた言葉と言おうか、突拍子もない流行り言葉と言おうか、そうした言葉で語られてしまうと、優れたことを言わんとしていても、その生命力が半減したかたちでしか表現されなくなってしまうように思う。真理、真実というものは、正しい言葉使いで語ってこそ、十分にその生命力を生かして表現できる。それがあまりに荒っぽい言葉、あまりに軽薄な言葉、くだけた言葉で表現されると、その生命が死んでしまう。

また、こうした価値高き真理の言葉を荒っぽい言葉、汚い言葉で語るというのは、この価値高き真理の言葉に対する礼を失しているといえる。

十八　葉公《しょうこう》、孔子を子路に問う。子路対《こた》えず。子の曰《のたま》わく、女奚《なんじな》んぞ曰わざる、其の人と為《な》りや、憤《いきどお》りを発して食を忘れ、楽しみて以て憂いを忘れ、老《お》いの将《まさ》に至らんとするを知らざるのみと。

葉公が孔子のことを子路にたずねたが、子路は答えなかった。先生はいわれた、「お前はどうしていわなかったのだ。その人となりは、〔学問に〕発憤しては食事も忘れ、〔道を〕楽しんでは心配事も忘れ、やがて老いがやってくることにも気づかずにいるというように。」

解　説

至高なる味わい②

ここにも真理の学問に志す者は、こうありたいという模範が示されている。

「憤りを発して食を忘れ」

真理の学問に発憤しては、その至高の味わいに心打たれ、肉体生命を養う食のことなどは忘れるぐらいだ。その魂で感ずる至高の味わいに比べたら、五官の喜びである食事の味わいなどは取るに足りないように思えてくる。

「楽しみて以て憂いを忘れ」

この真理を学べる喜びは、何ものにもかえがたい喜びであり、この喜びに比べれば、どのような憂いがあったとしても取るに足りないものとなってしまう。

さらに、真理の学問の道をゆくという自覚が深まってくると、平凡なことも楽しいことも、一見、苦難と見えるようなこともすべてが、自己向上の機会、いっそうすばらしくなっていく機会と捉えられるようになり、だんだんと喜び一元の世界へと入っていき、根本的な憂いというものが無くなってしまう。つまり、今、置かれたこの状況が常に自己向上の機会であるということだ。

「老いの将に至らんとするを知らざるのみと」

真理の学びが深まってくると、人間は単なる肉体的存在ではないという自覚が出来てきて、老いることに対する思い煩いも無くなってくる。こうした自覚のもと、真理の学問に打ち込んでいくならば、つまり、年齢を重ねるごとに、いっそうその学問は深まり、会得する量も多くなっていくのであるから、年齢を重ねていくことは喜び以外の何ものでもない。歓喜以外の何ものでもない。

十九　子の曰《のたま》わく、我れは生まれながらしてこれを知る者に非ず。古えを好み、敏《びん》にして以てこれを求めたる者なり。

先生がいわれた、「わたくしは生まれつきものごとをわきまえた者ではない。昔のことを愛好して一所懸命に探求している者だ。」

解説

内なる神性・仏性からの知恵の発揮について

今では、神の如く、大聖人として仰がれている孔子であるが、その孔子にして、「私だとて生まれながら物事をわきまえていたわけではない、古えの聖人の教え（真理）を一所懸命学び求めていった者なのだ」と。これは、私たちには、ひじょうに希望を与えてくれる言葉である。私たちもそのように学んでいったのならば、孔子のような偉大な人物となっていく可能性があるということなのだから。この聖人の教えを学んでいくということは、考える以上にひじょうに重要なことなのだと思う。

また、ここは内なる神性・仏性からの知恵の発揮という観点からも解釈できる。孔子も最初から「生まれながらにしてこれを知る者」つまり、内なる神性・仏性からの知恵（正しき直感知）を発揮する境地にあったわけではない。古えの聖人の教え（真理）を好んで、一所懸命学び、真理を求めていった者なのだ。その修養を積み重ねることによって、だんだんと内なる神性・仏性からの知恵を発揮しうるようになってきたのだ。（衛霊公三、季氏九参照）

二十　子、怪力乱神を語らず。

先生は、怪異と暴力と背徳と神秘とは、口にされなかった。

解説

怪力や神秘ばかりを追求しても君子にはなれない

この怪力乱神については、四つには分けず、怪力と乱神と二つに分けて訳している解説書もあるようだから、ここでは、そのほうがわかりやすいと思うので、それに沿って説明する。

怪力とは、主に肉体的な超人的な力のことであり、乱神とは、神秘的な超常現象や霊現象などのことだ。こうしたことを追求し、究めたところで優れた君子となっていけるわけではない。人間の生き方としては、あくまでも道徳的修養を積んで、人格を高め、優れた君子への道を歩むのが中心である。このように孔子は考えて、怪力乱神的なことは語られなかったのだろう。

二十二　子の曰《のたま》わく、天、徳を予《わ》れに生せり。桓魋《かんたい》其れ予れを如何《いかん》。

先生が〔宋の国で迫害をうけたときに〕いわれた、「天がわが身に徳をさずけられた。桓魋ごときがわが身をどうしようぞ。」

解説

孔子の信仰心①、孔子の胆力

ここでは、孔子の天（神）に対する揺るぎない信仰心が示されている。「天は吾に使命を授けられた。天より大いなる使命を授かった者に対して、桓魋ごときに何ができよう。吾、常に天とともにあり、天の使命を担う者なり。」との孔子の強固な自覚が、驚くべき力をも呼び起こし、この危難をきり抜けていくことになったと考えてもよいだろう。

また、ここに孔子の胆力を見ることができる。宋の国で殺されそうになった時であっても、このような言葉を発して泰然としておられた。真の胆力というものは、このように天（神）に対する揺るぎない信頼、すなわち信仰心が根底に無くしては築きえない。人間として、いくつもの修羅場をくぐり抜けてきた、命にかかわる危険を何度も乗り越えてきた、というだけでもっては、どうしても不十分であるように思う。単に人間的な努力をもって築き上げてきた胆力というものは、時に、ここ一番の時に敗れてしまうことがある。

衛霊公二に象徴されているように、子路は勇や胆力において優れていたものを持っていた人物だと思うが、聖人の教えによる修養という面からは、未だ不十分なるところがあるから、困難が現れると腹を立てたりと取り乱してしまう。ここに孔子の、聖人の教えを深く会得し、天への揺るぎない信頼のもとに築かれた胆力と、子路のように、未だ修養至らざるところがあり、勇や胆力といっても人間力によるものとの違いが現れている。

また、この一節は、誰にとっても、人生を生きていくうえで大切にしなければならない自覚である。

天（神）は、確実にどの人間にも天分（独自の才能）を与えられた。それは絶対に間違いのないことだ。一握りの人間にだけ特別な才能を与えたわけではないのだ。人間の使命とは、その人独自の才能を開花させ、世のため人のためになる仕事をしていくことだともいえる。それが「天、徳を予れに生せり」ということだ。

「桓魋其れ予れを如何」の桓魋とは、自らが天から授けられた使命を果たしていこうという際に現れてくる障害の象徴と捉えてよい。志を掲げ、その志の実現のために生きようとしても、その前に困難が立ちはだかることはある。それは、思うような環境が現れないということであったり、やはり自分の現実の能力では無理であろうという疑いであったり、今さら始めても遅いだろうというような思いであったり、そのようなことが桓魋の如く、いったん進もうとした吾が前に立ちはだかることがある。しかし、そうした時にこそ、この志は、単なる自我我欲ではないのだ、自己の天分を生かし、人類のために貢献していくという使命を果たすことは、自分の思いであると同時に、天の願いでもあるのだ、断固この道をゆく、という自覚を強くしていくことが大切だ。この思いは、ここで孔子が危難を乗り越えていったように、人間心で考える以上に現実的なパワーがあるのだ。

二十五　子の曰《のたま》わく、聖人は吾れ得てこれを見ず。君子者《くんししゃ》を見るを得ば、斯れ可《こか》なり。子の曰《のたま》わく、善人《ぜんじん》は吾れ得てこれを見ず。恒《つね》ある者を見るを得ば、斯れ可なり。亡《な》くして有りと為《な》し、虚《むな》しくして盈《み》てりと為し、約にして泰《ゆた》かなりと為す。難《かた》いかな、恒あること。

先生がいわれた、「聖人にはわたしは会うことはできないが、君子の人に会えればそれで結構だ。善人にはわたしは会うことはできないが、常のある人に会えればそれで結構だ。無いのに有るように見せ、からっぽなのに満ちているように見せ、困っているのにゆったりと見せて〔見栄をはって〕いるようでは、むつかしいね、常のあることは。」

解説

高い志と身近な事、道理によって考える

「聖人は吾れ得てこれを見ず。君子者を見るを得ば、斯れ可なり。」

ここでの聖人とは、「己れを脩めて以て百姓を安んず」（憲問四十四）、「如し能く博く民に施して能く衆を済わば、如何。」（雍也三十）のように、国の人々全体に対して、物質的な面においても、精神的な面においても、幸福や豊かさを与えられるような境地の人物を言う。それに比して、ここでいう君子とは、「己れを脩めて以て人を安んず」（憲問四十四）、「夫れ仁者は己れ立たんと欲して人を立て、己れ達せんと欲して人を達す」（雍也三十）のように、日常身近に接する人達に幸福を与えようとしている人のことを言う。ただ、聖人にしても、君子にしても自らの力量に応じた利他の行為の差はあるにしても、その精神のもと、常に真理の学問を深く学んで、自己の修養に努めているという姿勢には変わりない。

この、まず身近な人を幸福にしようという視点はきわめて大切だ。真理の学問を志すような人は、大きな志を持って生きる人も多いだろうし、もちろん、それはひじょうに尊いことであるが、それと同時にこの視点も決してないがしろにしてはならないところだ。人類愛に燃えるというような大きな理想があったとしても、身近な家庭の調和、身近な人間関係の調和が出来ていないとしたならば、修養者としてまだまだ不十分なところがあるということを虚心坦懐に反省する視点も決して忘れてはならない。ここは、大きな志を持って生きることは大切なことであるが、同じく身近なことをも大切にしなくてはならないという戒めの教えとも解釈できる。

「善人は吾れ得てこれを見ず。恒ある者を見るを得ば、斯れ可なり。亡くして有りと為し、虚しくして盈てりと為し、約にして泰かなりと為す。難いかな、恒あること。」

ここの善人とは、真理の学問などには関心が薄く、それを深く学んでいくということはしていないが、その心にはよく善性が根付いていて、何事かを為すにも、常に善のほうを選択するよう努め、人にも善き行為をしていこうと思って生きているというような人のことである。いっぽう、恒ある人とは、必ずしも積極的に人に善き行為をしていくというタイプではないかもしれないが、自分が大切にしている何らかの道理はしっかり握っていて、たとえ金銭が得られるとか、地位が得られるとかいうことがあったとしても、自分が信条としているその道理に反することであるならば、頑固なまでに行わない。さらに後半の「亡くして有りと為し～」のところでは、真理の学問を学ぶことなく、多くの様々な知識を身に付けて知識人になったとしても、かえって当たり前の道理、正しさを蔽うようなことになりかねない、という警鐘の意味合いもある。知識が多くなるほどに、おかしな歪んだ理論を創り出すようなことになって、ごく真っ当な道理、例えば「自分の国は自分で守る」「親孝行の大切さ」「人間には道徳が大切であること」などが、あたかも間違いであるかのような変な言論を述べるようなことになる。つまり、「難いかな、恒あること」のように、多くの知識を持っておりながらも、真っ当な道理に基づいた考え、判断をすることが難しくなってしまう。

二十七　子の曰《のたま》わく、蓋《けだ》し知らずしてこれを作る者あらん。我れは是れ無きなり。多く聞きて其の善き者を択びてこれに従い、多く見てこれを識《しる》すは、知るの次《つ》ぎなり。

先生がいわれた、「あるいはもの知りでもないのに創作する者もあろうが、わたくしはそんなことはない。たくさん聞いて善いものを選んで従い、たくさん見ておぼえておく。それはもの知り〔ではないまでも、そ〕の次ぎである。」

解　説

学問に終わりなし

修養の初期の段階においては、真理（聖人の教え）を書物などを通して知的に学び、その学んだことの実践に努めるということに重点が置かれるが、だんだんと修養が積み重なってくると、内なる神性・仏性からの知恵（正しき直感知）が湧き出るようになってきて、書物などによる知的な学びを為しつつも、この内なる神性・仏性からの知恵の重要性を深く意識するようになってくる。そして、これは推測ではあるが、修養が極度に進めば、もはや何ら学ばずとも、内なる神性・仏性からの知恵の湧出のみで、自説を創造し、物事にも対処できるという境地になっていくのかもしれない。しかし、孔子はここで、「私はそのような境地の者ではない。あくまでも真理（聖人の教え）を多く学び、その重要であると思うところを大切にし、それを心に刻みつける努力をしている。そうした努力をし続けるなかで、おのずと湧き出てくる内なる神性・仏性からの知恵を大切にし、それに基づいて創造している者である。これは、先程の最高の境地ではないかもしれないが、次なる境地ではあるだろう」といわれている。

実際の孔子の学問の境地は計り知れないが、後に孔子の教えを学ぶ者にとっては、学問に取り組む上でひじょうに重要な戒めとなるところである。

修養が進んでくると、ひじょうに奥深く優れた知恵である内なる神性・仏性からの知恵を得ることができるようになり、それを発揮することによって、優れた成果を上げ、偉大なる仕事をもできるようになってくる。しかし、そうした成果を上げ、多くの人々からも称賛されるようになってくると、そこに慢心が出てくることもある。その時、もう自分は偉大なる人間になったのだから、もはや真理（聖人の教え）などは学ぶ必要はない、ただ内なる知恵に頼っていればよいのだというふうになってしまうと、内なる神性・仏性からの知恵が十分に発現しなくなり、それどころか邪なる声、迷いの声に耳傾け、それを実行することとなる。こうなるとその人の運命は一気に転落へと向かうことになる。今までの優れた成果や偉大なる仕事は、もはや見る影もなくなってしまう。だから、修養者は、どんなに修養が進み、内なる神性・仏性からの知恵が発現してくるようになったとしても、真理（聖人の教え）を学ぶことを止めてはならないのだ。内なる神性・仏性からの知恵の発現を維持していくためにも、いやそれをいっそう優れて発現させていくためにも、学ぶことを止めてはならない。

三十五　子の曰《のたま》わく、奢《おご》れば則ち不孫《ふそん》、倹なれば則ち固《こ》なり。其の不孫ならんよりは寧《むし》ろ固なれ。

先生がいわれた、「贅沢していると尊大になり、倹約していると頑固になるが、尊大であるよりはむしろ頑固の方がよい。〔贅沢の方が害が大きい。〕」

解説

最大の悪徳

尊大、傲慢とは人間にとっての最大の悪徳のひとつである。この悪徳の道に入ったのならば、自分自身もやがて崖から大きく転落していくことは時間の問題であろうが、さらにこの悪徳は他者を不快ならしめることこの上ない。

贅沢な生活や成功の階段を上りはじめ、人からチヤホヤされるような生活になってくると、知らず知らずのうちにこの弊害に陥ってしまうことがあるからよくよく心しなければならない。いっぽう倹約的な生活、規則づくめな生活をしていると、その弊害としてその性質が窮屈なものになりがちだ。「其の不孫ならんよりは寧ろ固なれ」とはあるが、これは何も「固」なら多少しかたがないとか、そういうことではなく（「固」だとて悪徳に変わりなく改善に努めていかなくてはならないが）、こういう表現をすることによって、尊大や傲慢がどれほど大なる悪徳であるかを強調されたのであろう。

真理の学問を志している者であっても、発展、繁栄の道や積極思考の道を好んで追求している者は、ともすれば尊大、傲慢、慢心の弊害に陥りやすく、そして転落していく危険がある。それに対して、戒律的な教えを好んで学ぶ者の場合は、自由自在さ、闊達さが失われ、窮屈に陥ってしまうことがある。しかし、その弊害としては、尊大となってしまうことのほうが圧倒的に大きい。だから、発展、繁栄の道、積極思考の道を追及する者は、いっそう真理を精細に学び、その真意をつかみとっていく必要がある。外面的な繁栄に目を奪われて、ここをおろそかにするようなことがあってはならない。繁栄が大きくなればなるほど、それを支える真理のいっそうの会得が不可欠だ。どのような世界が眼前に展開しようと、一修養者としての立場を忘れず、引き続き真理の会得に努め、自らの分野においてさらに優れたものを生み出していくことに専念していくことが大切だ。

三十七　子は温にして厲《はげ》し。威《い》にして猛ならず。恭恭《うやうや》しくして安し。

先生はおだやかでいてしかもきびしく、おごそかであってしかも烈しくはなく、恭謙でいてしかも安らかであられる。

解説

理想の君子像

ここでは、孔子の全体的な像を示しながら、真理の学問を志す者にとって、めざすべき理想の君子像が述べられている。

日常の立居振舞いは穏やかであられたが、学問や仕事については一切妥協せず、厳しく完成度の高いものを追求する。内から自然にほとばしりでてくるような威というものは、太陽におのずと手を合わせ拝するように、おのずと信服しないではおれないものがある。それは勇猛な威嚇によって人を従わせるというようなものではない。真理を尊び重んじ、しかも時宜を得た自由自在な真理の発揮ができるがゆえに、常にその心は平安の境にある。

泰伯第八

一　子の曰《のたま》わく、泰伯《たいはく》は其れ至徳と謂うべきのみ。三《み》たび天下を以て譲る。民得て称することと無し。

先生がいわれた、「泰伯こそは最高の徳だといって宜しかろう。三度も天下を譲ったことになるが、〔それも人にわからないやり方であったので〕人民はそれをたたえることさえできなかった。」

解説

詠み人知らず

歴史のなかで、永く価値あるものとして遺るようなものを創り上げていくという気概、志というものは尊いものだ。そうした熱い思いなくしては、真に価値あるものを遺していくことはできない。いっぽうに、そうした価値ある事業を成しえたのなら、詠み人知らずの如く、自分の名などは遺らなくともよいという精神も大切なものであると思う。あまりに、自己の名を遺すことに熱心になりすぎると、その本来価値ある事業に、不純なるものが混じり、結果的には、その価値を押し下げるようなことにもなりかねない。あくまでも第一義は、価値あるものを遺すということであり、自分の名を遺すということは第二義、第三義のことだ。

二　子の曰《のたま》わく、恭にして礼なければ則ち労す。慎にして礼なければ則ち葸《し》す。勇にして礼なければ則ち乱る。直にして礼なければ則ち絞《こう》す。君子、親《しん》に篤《あつ》ければ、則ち民仁に興《お》こる。故旧《こきゅう》遺《わす》れざれば、則ち民偸《うす》からず。

先生がいわれた、「うやうやしくしても礼によらなければ骨が折れる。慎重にしても礼によらなければいじける。勇ましくしても礼によらなければ乱暴になる。まっ直ぐであっても礼によらなければ窮屈になる。君子（為政者）が〔礼に従って〕近親に手厚くしたなら、人民も〔見ならって〕仁のために発奮するし、むかしなじみを忘れなければ、人民も薄情でなくなる。」

解　説

天性に磨きをかける、民への感化

「恭にして礼なければ則ち労す」

礼儀正しく振る舞おうとしても、真理を把握していなければ、形ばかりの礼儀のことであくせく思い煩うことになってしまう。真理を把握していたならば、おのずと時宜を得た礼儀ある振る舞いができるようになるものだ。たとえ細かい儀礼は知らなくても、大きく踏み外すことはない。

「慎にして礼なければ則ち葸す」

慎重さや慎み深さを心がけていても、真理を把握していなければ、それがゆきすぎて卑屈な感じとなってしまうことがある。

「勇にして礼なければ則ち乱る」

勇ましいばかりで、真理を把握していなければ、乱暴をはたらくばかりとなってしまう。

「直にして礼なければ則ち絞す」

真っ直ぐを好んでも、真っ正直を心がけていても、真理を把握していなければ、四角四面な窮屈さとなって、かえって人や社会に害悪を与えかねない。

人には、ある程度、その性格面で生まれながらの長所ともいうべき良き性質があるものだが、ただその天性の良き性質にまかせて発揮するだけでは、ゆきすぎて人々や社会に害悪を与えたり、自分自身を苦しめる結果になりがちなものだ。やはり、後天的に真理を学ぶことによって、その天性の良き性質にもいっそう磨きがかかり、その優れた発揮ができるものだ。天性の良き性質があったとしても、後天的に磨いていく努力が必要なのは、例えば陸上競技の才能があったとしても、日々練習することによって、いっそう優れたものとなり、良き成果を上げることができるようになるのと同じ道理だ。この一節は、どんなに優れた才能があったとしても、後天的にそれを磨いていく努力をしていかなければ、実際は優れた成果を上げるところまではいかないということも言われている。さらに付け加えておくならば、これは国についてもいえる。諸外国にも独自の優れた天性というものがあるだろう。日本にも日本独自の優れた天性というものがあるだろう。しかし、それを十分磨き上げるという努力をしなければ、何となくこういう性質があるのかなぐらいに終始してしまう。やはり、国民ひとりひとりの努力により、その天性をいっそう優れたものに磨き上げることによってこそ、その国自体も繁栄し、国民の幸福感も高まり、さらに世界の様々な国々をも益していくことにつながっていく。

「君子、親に篤ければ、則ち民仁に興こる」

国の長たる者が、近親や身近な人達に慈愛深くあるならば、民も感化されて、慈愛の心が育ってくるものだ。国の長たる者は、当然民に対しても慈愛深くあるべきなのは言うまでもないが、キリストの「隣人を愛せよ」のように、まず身近な者達を愛することから始めることの重要さを強調するためにこのような表現をされたのだと思う。特に一般の民にとっては、身近な者を愛するということが大切なことであり、為政者のこの徳による感化が及ぶというのはひじょうに重要なことだ。為政者の行ないというものは、良きにつけ、悪しきにつけ、その影響が民に及ぶものであるから、その位置にある者は、常に身を修めるということを心しなければならない。

このように、国であれ、その他の組織であれ、その統治にあたる者が道徳心、宗教心を根本として自らを修め、まず身近な者への利他行に務める。その徳による感化がおのずと民に及ぶ。これは必ずしも具体的な政策ではないが、ここを統治の第一義として押さえておかなければ、どんな制度を考案したり、権謀術数を巡らしたとしても良く治まるということはありえない。この原点は常に省みられねばならない。

「故旧遺れざれば、則ち民偸からず」

人生の途上で出会った人達との縁は、たとえ今現在においては、自分の利害に何ら関係がないとしても、大切にする気持ちを忘れてはならない。自分にとって好ましい人、好ましからざる人とあったであろうが、どのような人であれ、自己の人格形成に何らかのかたちで資することになったのであるから、過去に出会ったすべての人々に対する感謝の気持ちを持つことは必要である。当時においては、共に相容れぬ仲、不倶《ふぐ》戴天《たいてん》の敵のように思っていた人であっても、時の流れは、だんだんとそうした気持ちを薄めてくれるものだ。そうした段階で気持ちの整理をすることが大事だと思う。過去敵対したようなことはあったが、それも今にして思えば、自己の人生の発展、運命の発展にとって多くの学びともなった、実は貴重な機会であった、それが機となって、新たな人生、運命が開けてきた面がある、とその経験をも寛容に受け入れる度量も必要である。いつまでも、過去の人々、経験に対して憎しみを持ち続けていくことは、人生の発展を阻害することにもなる。国の長たる者、組織の長たる者が、こうした気持ちを持っていれば、またその感化は下の者にも及ぶものだ。

八　子の曰《のたま》わく、詩に興《お》こり、礼に立ち、楽《がく》に成る。

先生がいわれた、「〔人間の教養は〕詩によってふるいたち、礼によって安定し、音楽によって完成する。」

解　説

学問の深まり

ここは、真理の学問がどのように深まっていくかということが象徴的に説かれていると解釈できる。

真理の学問というものは、まずは真理の言葉のその一言一句の魂を揺さぶる言葉に感動し、そこから興味を抱くようになり学び始める。次に、重要であるところを丹念に学ぶことの大切さに気付き、それをことごとく自らのものしようと志を立てるようになる。さらにその学びを心の奥底から楽しんで行えるようになってひとつの完成を迎える。とはいえ、その学びを心の奥底から楽しんで行えるようになりひとつの完成を迎えるようになったとはいっても、この喜びの境地は、限りなく深まりゆくものであり、その奥深さは計り知れない。「詩に興こり」の解釈であるが、これは人に真理の学問のすばらしさを伝えていくうえでも大切な要点となるところである。いかにその人に魂を揺さぶるひとつの言葉を与え、感動せしめることができるかにかかっている。そのためには、常日頃から人間に対する深い洞察力を養っておくことが必要となる。

九　子の曰《のたま》わく、民はこれに由《よ》らしむべし。これを知らしむべからず。

先生がいわれた、「人民は従わせることはできるが、その理由を知らせることはむつかしい。」

解説

統治の根本

統治の根本は、統治者の圧倒的な徳の力で、人々を信服せしめるところにある。これなく、ただ政策を流暢に語って人々の理解を得ようとしても、なかなか人々の納得は得られるものではない。この根本原則は、いかなる時代にも変わることはない。

十　子の曰《のたま》わく、勇を好みて貧しきを疾《にく》むは、乱なり。人にして不仁なる、これを疾むこと已甚《はなは》だしきは、乱なり。

先生がいわれた、「武勇を好んで貧乏を嫌うとなると、〔むりに貧乏からぬけ出そうとして〕乱暴する。人が道にはずれているとてそれをひどく嫌いすぎると、〔対立がきびしくなって〕乱暴する。」

解　説

勇の弊害、不仁を憎む弊害

「勇を好みて貧しきを疾むは、乱なり」

ひじょうに勇敢で行動力のある人であっても直情径行的な（感情的な）要素が強いと、ただ表面的に、貧しい人々を見てはかわいそうだ、いっぽうに豊かな生活をしている人を見てはけしからんと思いがちなものだ。この感情は一般的に、大多数の人々にとってすぐに起こりやすいものである。それゆえにその指導に扇動されて、多くの人々の共感を得て大きな運動となることもある。そして、単純に豊かな人々の富を奪いとって、それを貧しい人々に分け与えるようなことをしようとする。直情径行的な勇の持ち主、歪んだ理論を持った行動家は、秩序ある社会を徹底的に混乱に陥れることをするし、それによって天下を取ったとしても、初期の目標は貧しい人々をその抑圧から解放するというものであったはずが、かえっていっそう前の社会よりもひどく抑圧された恐怖社会が実現してしまうことがおうおうにしてある。あくまでも真理（聖人の教え）を基本とした知恵を養っておかなければ、おかしな指導者となってしまうし、おかしな指導者に扇動されやすい民となってしまう。

「人にして不仁なる、これを疾むこと已甚だしきは、乱なり」

これは、真理の学問を学ぶ者であっても、陥りやすいところであり気を付けなければならないところだ。例えば、礼儀をわきまえず、傲慢な振る舞いをしている者を見れば、「これを疾むこと已甚だしき」という気持ちになるものだ。特に真理の学問に深く志している者であれば、善悪の観念に敏感であるから、よけいにそういう気持ちになりやすい。それはちょうど優れた音楽の演奏者が、下手な音楽の演奏を聴けば、とても聴くにたえない不快な思いを感じるということにも似ていようか。しかし、それに対してひどく嫌っているだけでは、そのまずい演奏がなおらないのと同じように、道徳的にまずい行為をしている者に対して、ひどく嫌っているだけではそれがなおらない。そこで指導をして上達するように導いていく行為が必要になってくる。寛容なる人物とは、たえずこの指導の精神を持ち続けている人のことをいう。

十一　子の曰《のたま》わく、如《も》し周公の才の美ありとも、驕《おご》り且《か》つ吝《やぶさ》かならしめば、其の余《よ》は観るに足らざるのみ。

先生がいわれた、「たとい周公ほどの立派な才能があったとしても、傲慢で物おしみするようなら、そのほかは〔すべて帳消しで〕目をとめるねうちもなかろう。」

解説

天分や才能をいかに取り扱うか

ここは、優れた天分や才能をどのように取り扱っていくべきかということが説かれている。どれほど優れた天分、才能があったとしても、それがただ自らの才能の優れていることを誇示するためばかりであったり（驕《おご》り）、それを人々や社会に役立てていこうという気持ちのない（吝《やぶさ》か）、このような人間であったのならば、ほとんど評価するに値しない人間ということになってしまう。たとえ優れた才能があってそれで成功をおさめたとしても、「驕り」の反対、謙虚にいっそうその才能を磨き優れたものとするように努める。「吝か」の反対、いっそうその才能を生かして人々の役に立てるように努める。

特にこの驕り、傲慢というものは心して戒めていかなくてはならない。この戒めを生涯心に把持《はじ》して生きていくことができるのならば、おそらくみじめな敗残者、失敗者となっていくことはないだろう。成功の階段を昇り始めた時、人々から称賛されるようになった時、こうした時にこそ、この戒めをよくよく心に把持していかなくてはならない。これは戒めても戒めても、知らず知らずのうちに芽生えてくることがあるから、本当によく心しなければならないところだ。ところがある程度の成功を手にした時に、驕り、傲慢、高慢の気持ちが生じ、急に態度、立ち居振る舞いが変わってくる。今まで付き合っていた人達とは、もう身分が違うんだ、もう世界が違うんだという見下すような態度をとる。こんな輩は、早晩、大きなどん底に陥ることになるだろう。

また、この驕り、傲慢、高慢の気があると、どうしてもその雰囲気がまわりの者にも伝わり、ひじょうに嫌な感じ、横柄な感じを与えてしまうものだ。そうした人物であってはとてもとても人々からの信望などは得られないだろう。人々の信望が得られず継続的な成功などありうるはずもない。立場上いちおう表面的には言うことを聞いているように見えるが、とても信服するなどということはない。社会的な立場や地位が高くなればなるほどに、礼儀を心がけ、人々へは心配り、気配りをいっそう忘れないようにしなければならない。社会的な立場や地位が高ければ、その人に対して、一般的に人々は、遠慮をし恐縮し緊張しがちなものだ。そして本心はなかなか表さず、心は閉ざしがちなものだ。だから、立場、地位の高い者が、いっそう気配りというものを心がけて、相手の心を開いてもらい、心からの交流ができるように努めなければならない。そうしたものがあってこそ、互いに力を合わせてより良い仕事ができるものだろう。

十二　子の曰《のたま》わく、三年学びて穀《こく》に至らざるは、得やすからざるのみ。

先生がいわれた、「三年も学問して仕官を望まないという人は、なかなか得がたいものだ。」

解説

ただ学ぶことが喜び

真理の学問を学び、それを日常生活で実践し、ひとつでも多くその会得に努めるということに無上の喜びを感じている者にとっては、立派な職業につくとか、社会的に何か成功をおさめるなどということは、それほど問題とするほどのことではなくなってしまう。すでに至上の価値あるものを掴んでいるのであるから、他に何を求める必要があろうということだ。このように、ただ真理を学び、会得していくことを喜びとして生きていくことができる人というのもひじょうに優れた人である。この学問をなして、社会で活躍しようという動機を持って行う人も多いと思うが、もちろんそれが利他に根ざしたものであれば、それもひじょうに尊いことであるが、しかし、一面においては、こういう精神を持っていることもひじょうに大切なことであると思う。実際、真理の学問というものは、本来、ただ学ぶだけでも、至福の喜びを味わうことができる学問である。物質的に恵まれていようといまいと、地位があろうとなかろうと、そんなことに関係なく。そうしたところまで学問の境地を深めていくことも大切なことである。これが「真理を学ぶ喜びは、王者の位ともかえがたい」という境地ではないだろうか。また「朝に道を聞きては、夕べに死すとも可なり」(里仁八)にも相通ずる境地ではないかと思う。ひとつでも多く真理の学問にふれて、ひとつでも多く真理を自らのものとして会得できたのなら、いつ死んでも悔いはない。また、人にはそれぞれに天分というものがあると思うが、ただそれをなすことに喜びを感ずるものというのは、そこにその人の天分となるものがある可能性がきわめて高い。

天分、天職ということでいえば、ここに三年という年数があげられているが、この年数も自らの天分がどこにあるかを見極めるひとつの目安となる。この志は本物であるのか、それとも一時的な気分の高まりによるものであるのか、それはその時は十分わからなくても、三年ぐらいの年月を待てばだいたい明らかになってくる。三年ぐらいしても、その思いが続き、それを今後もなしていきたいというものであれば、それは自己の天分に根ざしたものである可能性が高い。植物でも根の無いものは一時花を咲かせることはあっても、すぐに枯れてしまうものだ。また、特にこれを職業にと気張って考えていなくても、好きなものや興味あるものがあって、すでに三年以上も続けているものがあれば、それは大切にすべきだと思う。さらに十年、二十年と続けていったのならば、その分野では相当な大家となることだろう。それが後に、思わぬかたちで自分を生かし、また、世の中への貢献として生きてくる可能性が高いと思う。

十三　子の曰《のたま》わく、篤く信じて学を好み、死を守りて道を善《よ》くす。危邦《きほう》に入らず、乱邦には居らず。天下道あれば則《すなわ》ち見れ、道なければ則ち隠る。邦《くに》に道あるに、貧しくして且《か》つ賤《いや》しきは恥《はじ》なり。邦に道なきに、富みて且つ貴きは恥なり。

先生がいわれた、「深く信じて学問を好み、命がけで道をみがく。危うい国にはゆかず、乱れた国には止まらない。天下に道あれば表立って活動するが、道のないときには隠れる。国家に道があるときなのに、貧乏で低い地位にいるのは恥であるし、国家に道がないのに、金持ちで高い地位でいるのも恥である。」

解　説

真理と政治

ここには、政治を行う者の心構えとすべきところが説かれている。特に冒頭の「篤く信じて学を好み、死を守りて道を善くす」という一文には、まず何を第一義とすべきであるかが明確に説かれている。現代の日本においては、真理の学問、すなわち道徳、宗教、哲学などは、隅に追いやられているような感があり、それよりどちらかというとすぐに役立つ実学のほうが重んじられているようであるが、しかし、本来は道徳、宗教、哲学という学問は、そうした実学というものを深い叡智でもって統御する立場に立つものであるから、それが軽んぜられるなどということは、本来いかなる時代であれ、ありえないことなのだ。特に政治においては、ただ経済に通じている、法律に通じている、外国の事情に通じているというように専門的な実学に通じているというだけでは、優れて偉大な成果は上げえないものだ。歴史のなかにおける大政治家といわれるような人というのは、篤い信仰心の持ち主であったり、優れた道徳的教養、哲学的教養の持ち主であったことからも、その本来の重要さがうかがい知れるし、現代においても優れた政治的業績を遺した人というのは、その重要さを理解されていた方が多い。真に偉大なる政治家たらんとする者はまずここを断じて押さえておかなければならない。

真理の学問、聖人の学問の偉大なる価値を深く確信して、全身全霊をかけて真理の学び、実践に努める。真理（道徳、宗教）を軽んずる国、唯物論の国とは距離を置く。真理を根本とした政治が行われていれば、それに大いに協力していくが、真理を軽んずる政治が行われているならば、その政治に対しては距離を置く。真理を根本とした政治が行われているのに、貧しく、相応の地位もないということは、自分自身が十分に真理を会得していないがゆえであるから、深く反省しなくてはならない。真理を軽んずる政治が行われているなかで、真理とはかけはなれたことに同調して、富を得たり、高い地位を得たところでそれは恥ずべきこと以外の何ものでもない。

十四　子の曰《のたま》わく、其の位に在らざれば、其の政《まつりごと》を謀《はか》らず。

先生がいわれた、「その地位にいるのでなければ、その政務に口だししない。」

解説

批判と修養

それぞれの立場において、現在の政治について意見、批判はあるであろうが、君子を志す者は、はたして自分がその立場にあったのならば、どれだけ仕事ができるかを省みて、足らざるところについては、常に修養に努めるようにしなければならない。

十九　子の曰《のたま》わく、大なるかな、尭の君たるや。巍巍《ぎぎ》として唯だ天を大なりと為《な》す。唯だ尭これに則《のっと》る。蕩蕩《とうとう》として民能く名づくること無し。巍巍として其れ成功あり。煥《かん》として其れ文章あり。

先生がいわれた、「偉大なものだね。尭の君としてのありさまは。堂々としてただ天だけが偉大であるが、尭こそはそれを見ならわれた。のびのびとひろやかで人民にはいいあらわしようがない。堂々として立派な業績をうちたて、輝かしくも礼楽制度を定められた。」

解説

圧倒的なる理想世界

尭は、人類の理想とすべく偉大なる君主であった。尭は、天（神）こそが最も偉大なるものであることを自覚していて、天意、神意に基づいた政治を行われた。その政治のありさまは、のびのびとひろやかであり、その政治の恩恵たるや、人々はその幸福感を言葉に言い表しようがないほどであった。誠に多くの優れた政治的業績を打ち立てられた。天意、神意に基づく政治であったがゆえに、真に優れた制度、文化を打ち立てることができた。

ここには、圧倒的なる政治の極致が語られている。しかし、人々の心の奥底に記憶されている原風景であるのかもしれない。この一節は、壮大なる理想世界の、まさに圧巻ともいうべき大交響曲のようだ。

子罕第九

一　子、罕《まれ》に利を言う、命《めい》と仁と。

先生は利益と運命と仁とのことは殆んど語られなかった。

解　説

経済的な豊かさについて

ここは、訳とは少し違うが、次のように解釈していくことも可能である。

単に、経済的な豊かさ、物質的な豊かさのみを追求してもほとんど意味がない。それは、人が自己の天分を最大限発揮し、さらに精神的向上を遂げつつ、人々との間に無限の大調和を実現していくために奉仕する道具でしかない。また、この経済的な豊かさなどというものは、天（神）の命ずるところ、すなわち「汝、これをなせ」というその使命を把握し、その実現に努め、さらに真理（聖人の教え）の学び、実践に努めていくならば、おのずと実現してくるものでもある。

二　達巷党《たつこうとう》の人の曰《い》わく、大《だい》なるかな孔子、博く学びて名を成す所なし。子これを聞き、門弟子《もんていし》に謂《い》いて曰《のたま》わく、吾れは何をか執《と》らん。御《ぎょ》を執らんか、射《しゃ》を執らんか。吾れは御を執らん。

達巷の村の人がいった、「偉大なものだね、孔子は。広く学ばれてこれという〔限られた専門の〕名声をお持ちにならない。」先生はそれを聞かれると、門人たちに向かっていわれた、「わたしは〔専門の技術に〕何をやろう。御者をやろうか、弓をやろうか。わたしは御者をやろう。」

解　説

大局を見誤らない知恵

君子を志す者は、まず、真理の学問の徹底した修得に努めて、決して大局を見誤らない知恵を身に付ける。この世のありとあらゆる現象、人間の営みというものの本質は道理であるから、道理の極致であるところの真理の学問を徹底して修めていったのならば、それらの正しい本質というものがおのずと見えるようになる。細部にまでは精通していなくても、大局専門的な事柄に通暁している人間も必要であるが、的な正しさは決して見誤ることはない。徹底して大局を見誤ることのない人間も必要だ。

四　子、四を絶《た》つ。意なく、必《ひつ》なく、固《こ》なく、我《が》なし。

先生は四つのことを絶たれた。勝手な心を持たず、無理おしをせず、執着をせず、我を張らない。

解説

意必固我

「意なく」

常に天意、神意に思いを致し、人間知恵で物事をなそうとしない。そのためには、常に邪念、邪欲を断ち、真理の言葉を吸収して自らの心を高める努力が必要となる。

「必なく」

とにかく、ひとつの信条、ひとつの教えをどのような時にも、四角四面に押し通すようなことはしない。あくまでも内なる神性・仏性からの知恵（正しき直感知）に基づいて、その時々に真理に適った最良の対処をしていく。

「固なく」

自分の考えのみに執着しない。たとえ自己の内なる神性・仏性からの知恵に基づく考えであったとしても、さらに高徳なる人物からの見識（その人の内なる神性・仏性からの知恵）を示され、その方が優れていると思えば、自分の考えに執着せず採用する。それは、高徳な人物を縁として、自分の内からいっそう優れた神性・仏性からの知恵が引き出されたということでもあるのだ。

「我なし」

人間は時に、内なる神性・仏性からの声を聞くことなく、単なる自分の我で行動してしまうこともある。それに気付いたのなら、そのような偽物の我は捨て去り、心を澄まして、内なる神性・仏性からの声に従って生きるというように虚心坦懐に軌道修正していくことが大切だ。そのまま我を押し通せば失敗することになるからだ。

五　子、匡《きょう》に畏《おそ》る。曰《のたま》わく、文王既に没したれども、文茲《ここ》に在《あ》らずや。天の将《まさ》に斯《こ》の文を喪《ほろ》ぼさんとするや、後死《こうし》の者、斯の文に与《あず》かることを得ざるなり。天の未《いま》だ斯の文を喪ぼさざるや、匡人《きょうひと》其れ予《わ》れを如何《いかん》。

先生が匡の土地で危険にあわれたときにいわれた、「文王はもはやなくなられたが、その文化はここに（このわが身に）伝わっているぞ。天がこの文化を滅ぼそうとするなら、後代のわが身はこの文化にたずさわれないはずだ。天がこの文化を滅ぼさないからには、匡の連中ごとき、わが身をどうしようぞ。」

解　説

孔子の信仰心②

ここは、まさに孔子の信仰心だと思う。

吾れは常に天（神）と共にあり、吾れは天の命ずるところの使命を果たさんとしているのであるから、匡の連中ごときが吾れに対して何ができよう。

心の奥底にこの自覚がどれほど深く根ざしているかが、情熱の源泉ともなり、困難に相対してもたじろがない力ともなり、忍耐強く事をなしていく源泉ともなる。不撓不屈の精神で強力に事を推進していくためには、どうしてもこの自覚が必要となる。単なる人間的な我力では、強そうに見えても、ここ一番のところで敗れ去ることがある。孔子の天に対する確信というものは、とてつもなく強烈なものがあったのだと思う。論語には、一般の宗教書のように、まんべんなく天（神）への信仰が説かれているわけではないが、所々の一文から、孔子の信仰の深さの尋常ならざるところがうかがわれる。

ある一面から見るならば、信仰の法則の如く、孔子の天に対する深い確信が、大いなる力を呼び込むこととともなり、このように二千五百年にもわたり、人類を感化し続ける奥深い言葉ともなり、大思想ともなりえたのではないだろうか。単なる高徳な人物の次元では、このような偉業とはなりえなかっただろう。

六　太宰《たいさい》、子貢に問いて曰《い》わく、夫子《ふうし》は聖者か。何ぞ其れ多能《たのう》なる。子貢が曰《い》わく、固《もと》より天縦《てんしょう》の将聖《しょうせい》にして、又た多能なり。子これを聞きて曰《のたま》わく、太宰、我れを知れる者か。吾れ少《わか》くして賤《いや》し。故に鄙事《ひじ》に多能なり。君子、多ならんや。多ならざるなり。

太宰が子貢にたずねていった、「あの方は（孔子）は聖人でしょうか。〔それにしては〕なんとまあ多くのことができますね。」子貢は答えた、「もちろん天の許したもうた大聖であられるし、そのうえに多くのことがおできになるのです。」先生はそのことを聞かれるといわれた、「太宰はわたくしのことを知る人だね。わたしは若いときには身分が低かった、だからつまらないことがいろいろできるのだ。君子はいろいろするものだろうか。いろいろとはしないものだ。（もちろん聖人などとは当たらない。）」

解説

自己の天分を全うする①

君子の本質は、真理の学問、聖人の学問の会得において、常人を圧倒するものがあり、ここがまず第一義のところだ。知識や技術を多く持っているからといって、それで君子ということにはならない。例えば、法律の知識を多く持っている、経済の知識を多く持っている、パソコンの技術に優れているというだけでは、君子とは言えない。もちろん、真理の学問を深く会得していて、なおかつ、そうした優れた知識、技術を持っているのであれば、それはいっそう優れた君子とも言いうる。

「君子、多ならんや。多ならざるなり」

若干この文脈からははずれるかもしれないが、この一文は次のように解釈することも可能であると思うので挙げておく。

君子と聞けば、一見何にでも優れていて、いろいろな事に通じているようにも思われるが、必ずしもそうである必要はない。真理の会得に努めつつ、自己の天分、職分というものをよく自覚し、その天分、職分をきっちりと果たしていくということでもよい。こうしたあり方も立派な君子としてのあり方である。論語のなかには政治の事も多く取り上げられているから、政治的なことにも精通していかなくてはならないのではないかと思うこともあるかも知れないが、皆が皆、政治のことに精通し、立派な見識を持たなければならないというものでもない。やはり人にはそれぞれ、得意不得意、興味の有る無しもあるであろうから、基本は真理の学問をなしつつ、自己の天分、職分とは何かを自覚し、そこで精一杯おのれの使命を全うすることが大切なことだ。無理をすることはない。背伸びをすることはない。頑固にその道を追求していくことでもよい。こうした真理の学問に強く惹かれる者であれば、徹底的にこれを追求していくこともひとつの道だろう。芸術やスポーツを追及していくのでもよいだろう。真理を大切にしつつ、政治の世界で活躍する者もおのずといることだろう。経済の世界で活躍する者もいることだろう。思うに、天（神）は必ず、本来、人をそれぞれバランス良く、絶妙に、いろいろな世界で活躍していくことができるように配置されているのではないかと思う。そのように君子についてもいろいろなタイプがある。自分は自分の天分、職分を全力で果たすということでよい。

七　牢《ろう》が曰《い》わく、子云《のた》まう、吾れ試《もち》いられず、故に藝ありと。

牢がいった、「先生は『わたしは世に用いられなかったので芸がある。』といわれた。」

解説

忍耐の時節

大きな志、高い理想を胸に秘めている者であっても、すぐにその場を得て、志実現のために、華々しく活躍できるものではない。本来の使命とは関係ないと思われる仕事をせざるを得ない時もあるし、一見ひじょうに遠回りしていると焦燥感にかられる時もある。しかし、そのような時期であっても、断じてその志を見つめ続けて、片時たりとも忘れることなく、その生活のなかで着実に忍耐強く実力を蓄えていくことが必要だ。極端なことを言えば、死ぬ気で使命を果たすという気概は必要だが、しかし、思うように運命が開けないからといって、「使命が果たせないのならもう死ぬ」というものではない。やはり、そこにはひじょうに悔しい思いもあるであろうが、その生活のなかで、忍耐強く実力を蓄え、将来を期して備えるという行為が必要となる。さすれば、時熟せば、運命の扉は一気に開ける。そこには全く新たな視界が開ける。その運命の流れは、堰を切ったが如く、怒涛の如く、何ものも押しとどめることができないものとなる。

八　子の曰《のたま》わく、吾れ知ること有らんや、知ること無きなり。鄙夫《ひふ》あり、来たって我れに問う、空空如《こうこうじょ》たり。我れ其の両端を叩《たた》いて竭《つ》くす。

先生がいわれた、「わたしはもの知りだろうか。もの知りではない。つまらない男でも、まじめな態度でやってきてわたくしに質問するなら、わたくしはそのすみずみまでたたいて、十分に答えてやっているまでだ。」

解説

論語を学ぶ心構え

この一節は、論語のような真理の学問をいかなる心構えで学ぶべきかが暗示されている。

私は必ずしも万人を即座に悟らしめるような知恵を持っているわけではない。しかし、たとえ地位が低かったり、学識や教養がないような人であっても、誠実に真理を求める者に対しては、十分に詳細をつくして答えるものである。

本来、孔子の言葉には、無限の叡智が秘められているものだが、それを馬鹿にしたり、つまらないものというような態度で読めば、「知ること無きなり」というように、孔子も全くの無叡智者の如く現われて、何らそこから得ることができない。しかし、誠実に真理を求める者であれば、どんなに地位が低かったり、無学と思われるような人であっても、実に多くの無限の叡智を汲み取っていくことができる。

ここは、論語のような真理の書物を読むにあたっての、その心構え、覚悟の重要さが説かれている。それがどれほど真剣であるか、その真剣さの程度に応じて、どれだけのものが学べるかの違いとなってくる。一度、教養の一環として読んでみようという程度であっては、そう多くのことは得られないだろう。しかし、ある時、これは尋常ならざる書だと気付いて、本当に全身全霊大真剣に学ばなければならないという気持ちで読めば、それだけ多くの糧を得ることができる。

十一　顔淵《がんえん》、喟然《きぜん》として歎じて曰《い》わく、これを仰げば弥弥《いよいよ》高く、これを鑽《き》れば弥弥堅し。これを瞻《み》るに前に在れば、忽焉《こうえん》として後《しりえ》に在り。夫子《ふうし》、循循然《じゅんじゅんぜん》として善く人を誘《いざな》う。我れを博《ひろ》むるに文を以てし、我れを約するに礼を以てす。罷《や》まんと欲《ほっ》するも能《あた》わず。既《すで》に吾が才を竭《つ》くす。立つ所ありて卓爾《たくじ》たるが如し。これに従わんと欲すと雖ども、由《よし》なきのみ。

顔淵があぁと感歎していった、「仰げば仰ぐほどいよいよ高く、きりこめばきりこむほどいよいよ堅い。前方に認められたかと思うと、ふいにまたうしろにある。うちの先生は、順序よくたくみに人を導びかれ、書物でわたくしを広め、礼でわたくしをひきしめて下さる。やめようと思ってもやめられず、もはやわたしの才能を出しつくしているのだが、まるで足場があって高々と立たれているかのようで、ついてゆきたいと思っても手だてがないのだ。」

解説

とてつもない高み、計り知れない奥深さ

孔子の教えの深遠な様がひじょうによく表現されていると思う。

孔子の教えは、敬いの心を持って学ぶのならば、学べば学ぶほど、とてつもなく高みのある教えであると実感され、深く学ぼうとすればするほど、奥深い叡智が汲み取られ、その奥深さは計り知れない。さらにもっともっと多くの教えを学ばなければならないと思って、一所懸命学びに努めれば、ふと今まで学んだ教えの重要さに改めて気付いて、また戻っては、その教えをいっそう深く理解しなければならないと痛切に感ずる。孔子の教え導く様は、実に絶妙だ。その教えを学ぶことによって、おのずと幅広い教養を身に付けられるようになってくるし、真理を常にいっそう深く理解していくことができるようにもなる。もはや自分の才能、力量では、これ以上の理解は難しいのではないかという気持ちも起こり、学びをひとまずそこでおこうかという気にもならないではないが、しかし、何かの導きか、不思議とそこでやめることもできない。そこで心新たに努力していくと、確かに少しずつのぼっていくことはできる。到達すべきところには、孔子が立っているようであるので、一気に駆けあがって追いつきたいとも思うのだが、その道を見れば、どれくらいの距離があるのか、どこまで続いているのか、果たして自分はのぼり続けることができるのかと圧倒されてしまう。

こうした孔子の教えのような、とてつもなく高く、計り知れないほどの深みのある学問というものは、人間力、我力という視点で考えれば、もうこれ以上の理解は、自分にはできないのではないかと不安にもなったりする。この学問は、単に人間力、我力でもっては、いっそう奥深く理解していくことはできないように思う。もちろん、自分自身がこの学問をなし、そしてつかみ取っていくのだという強い意志、実践は必要ではあるが、いっぽうに、天意、神意の助力、導きを受けて学ばなければ、いっそう奥深いところまでは会得できないように思われる。

十三　子貢が曰《い》わく、斯《ここ》に美玉あり、匵《ひつ》に韞《おさ》めて諸《こ》れを蔵せんか、善賈《ぜんこ》を求めて諸れを沽《う》らんか。子の曰《のたま》わく、これを沽らんかな、これを沽らんかな。我れは賈を待つ者なり。

子貢がいった、「ここに美しい玉があるとします。箱に入れてしまいこんでおきましょうか、よい買い手をさがして売りましょうか。」先生はいわれた、「売ろうよ、売ろうよ。わたくしは買い手を待っているのだ。」

解説

独自の道を歩む

優れた才能、天分というものは、常にそれを磨き続け、それを世のため人のために生かしてこそ真に価値あるものとなる。現に優れた才能、天分があったとしても、自己限定してそれを小さな世界に閉じ込めてしまうのは惜しいことだ。また、その道を行くにあたって、たとえそれが世間一般の人の歩む道ではないとしても、あまり歩む人がいない道であっても、断じてその道を行くという勇気も必要だ。

十四　子、九夷《い》に居らんと欲す。或るひとの曰《い》わく、陋《いや》しきことこれを如何《いかん》せん。子の曰《のたま》わく、君子これに居らば、何の陋しきことかこれ有らん。

先生が〔自分の道が中国では行われないので、いっそ〕東方未開の地に住まおうかとされた。ある人が「むさくるしいが、どうでしょう。」というと、先生はいわれた、「君子がそこに住めば、何のむさくるしいことがあるものか。」

解説

身近な所から

深く真理の学問を会得した君子がいたならば、その国、その組織、その家族には大調和が実現してくるものだ。省みて自らの属するところがそのようになっていないのならば、表面的にしか真理を会得していない自分の非力を深く反省する心がなくてはならない。決して理想世界実現をあきらめることなく、粘り強く努力していくことが必要だ。

十七　子、川の上《ほとり》に在りて曰《のたま》わく、逝《ゆ》く者は斯《か》くの如きか。昼夜を舎《や》めず。

先生が川のほとりでいわれた、「すぎゆくものはこの〔流れの〕ようであろうか。昼も夜も休まない。」

解説

時の流れに人生の本質を見よ

ここでの川の流れが象徴しているものは時間と解釈する。

時の流れは、前へ進んで決して止まることもなければ、後へ戻ることもない。ただひたすら前進していく。人生においては、悲しいこと、苦しいことに遭遇することもあるけれども、それでも人間は時が前に進んでいくように、前進していくしかない。

十八　子の曰《のたま》わく、吾れ未だ徳を好むこと色を好むが如くする者を見ざるなり。

先生がいわれた、「わたしは美人を愛するほどに道徳を愛する人をまだ見たことがない。」

解説

情欲の戒め

ここは、道徳的理想論としてとらえることもできるが、現実論としてもひじょうに重要な意味を包含している。

度を越えて、異性に対する情欲を思うというのは、実はひじょうに弊害が大きいから気を付けよということが真意なのではないかと思う。あまりに情欲にまみれてしまうと、それはちょうど太陽のまわりを雲が蔽い光が射さなくなってくるように、自らの内なる神性・仏性のまわりを雲が蔽うようになり、そこから良きインスピレーション、知恵が射しこみにくくなる。思想家や芸術家、発明家その他、インスピレーションに基づいた創造を生命線としている仕事の場合、そうなってしまうとひじょうに仕事の質が落ちてしまうことになる。だから、孔子はこのような言い回しで戒められたのではないかと思う。情欲の思いが出てきたら、深まらないうちに速やかにその思いを止め、真理の学問、あるいは自らの使命とする仕事に方向を切り換えよということである。そうしないと、仕事の質という観点から考えると、ひじょうに危ういことであるからだ。

キリストもこの辺のことを熟知されていたのだろう。だから「だれでも情欲を抱いて女を見る者は、心の中ですでに姦淫したのである」（聖書・新共同訳／日本聖書協会　マタイによる福音書五―二八）と情欲については、極端すぎるほどに厳しく戒められた。

月並みな言葉にはなるが、情欲、性欲については適正さということが大切なことである。

十九　子の曰《のたま》わく、譬《たと》えば山を為《つく》るが如し。未だ一簣《き》を成さざるも、止《や》むは吾が止むなり。譬えば地を平らかにするが如し。一簣を覆《ふく》すと雖《いえ》ども、進むは吾が往くなり。

先生がいわれた、「たとえば山を作るようなもの、もう一もっこというところを完成しないのも、そのやめたのは自分がやめたのである。たとえば土地をならすようなもの、一もっこをあけただけでも、その進んだのは自分が歩いたのである。」

解説

成功のために

「譬えば山を為るが如し。未だ一簣を成さざるも、止むは吾が止むなり」

物事を完成（成就）させていくためには、あともう少しというところにさしかかったときにこそ、油断をせず、気を引き締めて事にあたらなくてはならない。そこで油断、安心してしまったがために、今まで積み上げてきた努力が無に帰してしまうことがおうおうにしてあるものだ。もう一仕上げのところで絶対に油断してはならない。

また、本人は、努力しているにもかかわらず、なかなか完成（成就）しないことに、焦りや「やはり無理なのか」というような感におそわれることもあるが、夜明け前は最も暗いといわれるように、完成間近なところの闇のなかにいることもある。その暗さを断じて突きぬけてゆかなくてはならないのだ。そこで諦めてしまえば、それもまた、今までの努力を無に帰してしまうことになる。

「譬えば地を平らかにするが如し。一簣を覆すと雖ども、進むは吾が往くなり」

大きな夢を抱いても、現実の自分の状況を見れば、あまりにかけ離れているようで、ともすれば無力感にさいなまれることもあるが、努力を積み重ねているということは、確実にその夢にまた一歩近づいているということなのだ。それは、目標物まで歩く時のようには、常に近づいているという実感は持てないかもしれないが、目には見えない動きとなって確実に進んでいる。ちょうど地中に蒔かれた種が、生長し、あるとき芽を出すようなものであろうか。この自信もまた忘れるな。

別な観点から捉えるならば、これは、一日一日を心を込めて最高度に充実させていくということだ。時に、夢が実現したときの喜びを考えて、心躍らせたり、早く夢を実現させたいと切望するのもよいが、基本は一日一日をしっかりと掴みとっていくことにある。一日一日をいかに完成度の高いものにしていくかにある。それは、夢が実現した後も、また違った立場で、一日一日を充実させていくということに何ら変わりはない。どのような一日であっても、粗末にしてよい一日はない。どのような境遇、立場にある人であっても粗末にしてよい一日というものはない。一日一日を充実させていく、これが人生を生きる基本だ。

二十二　子の曰《のたま》わく、苗《なえ》にして秀《ひい》でざる者あり。秀でて実《みの》らざる者あり。

先生がいわれた、「苗のままで穂を出さない人もいるねえ。穂を出したままで実らない人もいるねえ。〔努力が第一だ。〕」

解　説

人々の諸相

この一節は様々な解釈が可能と思われるが、ここでは次のような解釈を挙げておく。

「苗にして秀でざる者あり」

何らかの才能の芽生えはあったが、自己限定や慢心、あるいは忍耐強い努力の継続ができずに、十分その才能を伸ばせないままで終わってしまう者もある。

「秀でて実らざる者あり」

ある程度、世間にも認められるぐらいにその才能、優秀さを伸ばしえたが、その才能、優秀さを示すほうに重点がいき、世のため人のために貢献していくということ、つまりその優れた才能によって多くの人々や社会に実りを与えていくということにはあまり思いが及ばないで終わってしまう者もある。

二十三　子の曰《のたま》わく、後生畏《こうせいおそ》るべし。焉《いずく》んぞ来者《らいしゃ》の今に如《し》かざるを知らんや。四十五十にして聞こゆること無くんば、斯《こ》れ亦た畏るるに足らざるのみ。

先生がいわれた、「青年は恐るべきだ。これからの人が今〔の自分〕に及ばないなどと、どうして分かるものか。ただ四十五十の年になっても評判がたたないとすれば、それはもう恐れるまでもないものだよ。」

解説

簡単に志を諦めるな

「後生畏るべし。焉んぞ来者の今に如かざるを知らんや。」

今、年若く未熟と思える人であっても、やがて年を重ね、自分位の年になった時には、自分以上に優れた人間になる者もいるのだから、今、年若いからということで侮るようなことをしてはいけない。若い人達を見る際には、どこかにこういう気持ちを持っていなくてはならない。今、現在の状態を見れば問題も多く、未熟に見えることも多いかもしれないが、そういう人であっても、何かのきっかけによって、あるいは知識や経験を積むことによって、今とは全く違う優れた人物となっていく可能性があるのだ。

「四十五十にして聞こゆること無くんば、斯れ亦た畏るるに足らざるのみ」

孔子が本格的に学問を志したのが十五歳の時とすれば、四十、五十と言えば、その間、二十五年、三十五年の年月があるということになる。ここは少し違う観点から解釈するならば、学問やその他の仕事などであっても、本当に自己の内に実力を培い、そして実力相応に世間から評価されるようになるのには、二十五年から三十五年位の努力の蓄積が必要であるということを言われている。志を持って、倦まずたゆまず自分の関心のある分野を二十五年、三十五年と追求し続けていったのならば、おのずとひとかどの業績は生まれざるを得ないのではないかと思う。だから、五年や十年位何かをやって芽が出ないからといって、簡単に諦めるな、弱音を吐くなということでもある。およそ一級のものを遺そうと思うのならば、二十五年、三十五年と努力をし続けるぐらいの心構えが必要だ。

二十四　子の曰《のたま》わく、法語の言は、能《よ》く従うこと無からんや。これを改むるを貴しと為《な》す。巽与《そんよ》の言は、能く説《よろこ》ぶこと無からんや。これを繹《たず》ぬるを貴しと為す。説びて繹ねず、従いて改めずんば、吾れこれを如何《いかん》ともする末《な》きのみ。

先生がいわれた、「正しい表だったことばには、従わずにはおれない。だが〔それで自分を〕改めることが大切だ。ものやわらかなことばには、嬉しがらずにはおれない。だが〔その真意を〕たずねることが大切だ。喜ぶだけでたずねず、従うだけで改めないのでは、わたしにはどうしようもないものだよ。」

解　説

法語の言、巽与の言

「法語の言は、能く従うこと無からんや。これを改むるを貴しと為す」

法語の言とは、正しさそのものを直接的に語った言葉であり、論語のなかにも数多くの法語の言が述べられている。例えば、思いやりの大切さを説いた言葉、親孝行の大切さを説いた言葉、真理の学問、聖人の学問の大切さを説いた言葉などがこれにあたり、もはや反論の余地のないものであり、虚心坦懐に受け止め、その実践に努め、その奥深い意味の把握に努める。そして、その言葉と自分とは一体であるという境地をめざして修養に努める。

「巽与の言は、能く説ぶこと無からんや。これを繹《たず》ぬるを貴しと為す」

巽与の言とは、遠回しの忠告やたとえを用いた話などであるが、それを聞くにあたっては、よくその真意を読み取っていくことが大切だ。おもしろいたとえ話やユーモアを交えた話などは、ともすれば、ただおもしろかったと満足するだけで聞き流してしまいがちであるが、その奥にある大切な真理を汲み取ることを忘れてはならない。また、この巽与の言とは、社会や身の周りで起きる出来事、自分が経験する出来事などもこれにあたり、これらもただ興味本位で見たり、一喜一憂するだけでなく、そこから学ぶべき教訓を掴みとっていくことが大切だ。

「説びて繹ねず、従いて改めずんば、吾れこれを如何ともする末きのみ」

調和ある人格向上のためには、法語の言、巽与の言の両方を大切なものとして学んでいくことが大切だ。しかし、あくまでも自分自身の断固として、学び、掴みとっていくのだという気迫がなければ、どれほど優れた聖人の教えがあろうが、いろいろな人の善言があろうが、恵まれた環境があろうが、自己を高めていくこともできないし、運命を大いに開拓していくこともできない。

二十六　子の曰《のたま》わく、三軍も帥《すい》を奪うべきなり。匹夫も志しを奪うべからざるなり。

先生がいわれた、「大軍でも、その総大将を奪い取ることはできるが、一人の男でも、その志しを奪い取ることはできない。」

解説

自由主義社会の根源

何人も人の身体は拘束することはできても、人の心を支配することはできない。人の心に対してできることは、影響を与え感化するというところまでだ。国の政治を行うにあたっても、組織の統治を行うにあたっても、この一大原則をよく踏まえておかなくてはならない。

万人が万人とも、その心の中で何を思うかは全く自由である。この自由は何人も制限することはできない。無限の自由がある。それゆえに人間は目に見える現実社会においても、本能的により自由な社会を求めるようになる。この本来、無限の自由を有した人間が、肉体という有限存在のなかにあって、この有限なる地上世界に、いかにこの無限の自由を実現していくか、それに近づいていくかということが、人類に課せられた課題でもある。だから、本来人間が持っているこの自由性をできる限り発揮していくことができる社会が、いっそう天の御心、神の御心に適った社会と言える。しかし、この無限の自由とは、好き放題何でもかでも行ってよいという自由ではない。好き放題、やりたい放題の自由とは、ちょうど道路を車が走るのに、とにかく自由だからといって、交通ルールなどは全く無視して走り、結果的には事故が多発し、車を運転していても、いつ事故に遭うかもしれないというように、びくびくしながら走るしかなくなってしまうようなものだ。結局、好き放題の自由は、皮肉なことに不自由をもたらすことになる。確かに無限の自由はある。その自由のなかから何でも自由に選択していくことは可能である。しかし、その目指すべきところは、より優れたものを選び取っていくということ、より正しきものを選び取っていくということ、より天の御心、神の御心に近いものを選び取っていくというところにある。自由主義社会というものも、この方向を目指しての進化の過程にある。その社会のなかの、法律や社会制度というものも、人間がより自由に生きていくために、奉仕するためにあるとも言える。しかし、自由主義社会というものも、あくまでもその無限の自由のなかから、より優れたものを選び取っていくという方向性が忘れられてしまうと、単なる好き放題の自由が横行したり、低次な方を選択して、いつの間にか不自由社会が実現してしまうことになる。自由主義社会の大切さが叫ばれることは多いが、何でもかでも自由に選択できる社会が実現したというだけでは不十分である。無限に選択していく自由はあるが、その自由はより優れたものを選択する方向へ、より道徳的価値の高いものを選択する方向へ、より天の御心、神の御心に適ったものを選択する方向へと生かしていくことが大切だということも、一緒に声高に叫ばれなければならない。

自由があるからと低次な我を皆が主張しだしたら、それこそ果てしなく混乱した社会となり、そして結局は不自由社会へと堕《だ》してしまうことになる。

二十七　子の曰《のたま》わく、敝《やぶ》れたる縕《うん》袍《ぽう》を衣《き》、狐《こ》貉《かく》を衣たる者と立ちて恥じざる者は、其れ由《ゆう》なるか。

先生がいわれた、「破れた綿いれの上衣を着ながら、狐や貉の毛皮を着た人といっしょにならんで恥ずかしがらないのは、まあ由（子路）だろうね。」

解説

堂々たる

君子を志す者にとって何よりも大切なことは、真理の学問、聖人の学問の会得だ。たとえ地位が低かったり、立派な衣服や宝飾品を身につけていなくとも、日々、真理の学問に励んでいるということは、人類最高の高価な衣服や宝飾品を身につけつつあるということなのだから、それについては正当なる自信、誇りを持って、地位の高い人や身分の高い人と相対するに際しても、ひけめを感じたり、気おくれすることなく、堂々と相対していくべきだ。

二十八　忮《そこな》わず求めず、何を用《もっ》てか臧《よ》からざらん。子路、終身《しゅうしん》これを誦《しょう》す。子の曰《のたま》わく、是《こ》の道や、何ぞ以て臧《よ》しとするに足らん。

『害を与えず求めもせねば、どうして良くないことが起ころうぞ。』子路は生涯それを口ずさんでいた。先生はいわれた、「そうした方法ではね、どうして良いといえようか。」

解説

修養と利他

人々や社会に害悪を与えるようなことはしない、名利に執らわれずに生きるという根本姿勢は重要だ。しかし、ただ人々や社会に害悪を与えない、名利に執らわれない生き方ができればそれでよいということであると、少し消極的だ。それは殊勝な心がけではあるが、そういう人ばかりであっては、いっこう積極的に世の中を良くしていくことも、進歩、発展させていくこともできない。やはり、自己の天分を最高度に伸ばし、世の中に貢献していくという姿勢も必要だ。人間には、修養に努め、自己を浄め、高めるという面も必要だが、積極的に自己の持ち味を生かして、人々や社会への利他行に励むという面も必要だ。

二十九　子の曰《のたま》わく、歳《とし》寒くして、然る後に松柏《しょうはく》の彫《しぼ》むに後《おく》るることを知る。

先生がいわれた、「気候が寒くなってから、はじめて松や柏が散らないで残ることが分かる。

〔人も危難の時にははじめて真価が分かる。〕」

解　説

本物の人物

平時には、その議論を聞いていれば、皆立派に見える。しかし、しかるべき時がき、しかるべき立場におかれた時に、その人がどこまで本物の人物であるかがはっきりとわかる。冷厳なまでに。ここはよく心しなければならないところだ。どこまでも本物の実力を養うということ。たとえ寒くなっても枯れないだけの本物の実力を養うということだ。平時に真理（聖人の教え）の心がけのもとに生きるだけではなく、逆境の中にあっても真理の心がけのもとに生きていくことができなければならない。そうであってこそ、本当に真理を会得した者ということができる。

これは、自分自身への戒めの言葉として心していかなくてはならないが、また、人を見る場合においてもひじょうに洞察深い言葉である。平常時においては、いろいろな付き合いをしたり、友好な関係を築いていても、自分自身がある意味厳しい状況に置かれたり、不遇のなかに置かれたりという状況のなかで離れていく者もあるだろう。こうしたあまり恵まれない状況のなかにある時に、本当に頼るべき人というのが顕《あきら》かになってくるものだ。ただこうした見方と同時に、もしそうした厳しい状況のなかで支援してくれる人や励ましてくれる人がいないとしたならば、自らの徳望の無さを反省しなくてはならないと思う。ただまわりを憎んでいるだけであってはならない。

三十一　子の曰《のたま》わく、与《とも》に共に学ぶべし、未だ与《とも》に道に適《ゆ》くべからず。与に道に適くべし、未だ与に立つべからず。与に立つべし、未だ与に権《はか》るべからず。

先生がいわれた、「ともに並んで学ぶことができる人でも、ともに道には進めない。ともに道に進めても、ともに〔そこにしっかりと〕立つことはできない。ともに立つことはできても、ともに〔ものごとをほどよく〕取りはからうことはできない。」

解　説

それぞれの天分、真理の理解の深浅
「与に共に学ぶべし、未だ与に道に適《い》くべからず」

同じく真理の学問を学ぶ者であっても、それぞれに歩む道は違う。それはこうした学問を学んだからといって、皆が皆、学者や思想家、宗教家となっていくわけではない。この真理の学問というものは、まさに本来自分の生命そのものにかかわる学問であるから、この学問を深く学ぶように努めていったのならば、自分自身の生命の意味、自分自身の使命、天分というものがだんだんと顕かになってくるものだ。そして、ある者は学問の道を行き、ある者は政治の道を行き、また、ある者は事業家の道を行ったり、芸術家の道を行ったりというように、それぞれの天分に真に目覚めるようになる。

「与に道に適くべし、未だ与に立つべからず」

それぞれの者が、その天分に応じた道を行ったとしても、その同じ天分の者であっても、それぞれに信念、技量などには違いがあるものだ。喩えば、同じ政治家でもその信条、信念によって所属する政党に違いがあり、また、それぞれ得意とする分野が、経済、外交、防衛などとそれぞれに違いがあるようなものだ。

「与に立つべし、未だ与に権《はか》るべからず」

一見、信念、技量は同じように見えても、真理の理解ということにおいては、まさにその深浅は千差万別だ。内なる神性・仏性の開顕の度合いは千差万別だ。それぞれに悟りの段階は千差万別だ。それゆえに、ある問題への考え方、対処の仕方というものが、それぞれに違ったものとなってくる。真理というものが軽んじられている時代には、ある問題への対処というものも、ひじょうに軽薄なものが主流となることがある。そして、むしろ大見識というものが、隅に追いやれたり、無視されたり、異端視されたりということもある。そしてそのような大見識が五十年後、百年後に後世の人々に大いに称賛されるということがおうおうにしてある。

三十二　唐棣《とうてい》の華《はな》、偏《へん》として其れ反せり。豈《あ》に爾《なんじ》を思わざらんや、室是れ遠《こ》ければなり。子の曰《のたま》わく、未だこれを思わざるなり。夫《そ》れ何の遠きことかこれ有らん。

『唐棣の花、ひらひらかえる。お前恋しと思わぬでないが、家がそれ遠すぎて。』先生は〔この歌について〕いわれた、「思いつめていないのだ。まあ〔本当に思いつめさえすれば〕何の遠いことがあるものか。」

解　説

夢を実現させていくために

夢や志を実現していくためには、まず第一義的には、「何が何でも実現させる」「どんなことがあっても実現させる」という徹底した強烈な念《おも》いが必要である。まずここを確定させることが必要だ。「できればこうなればいいな」くらいで、少しばかり努力しても、その実現は難しい。それでは、ちょっと困難や障害が現れれば、簡単に腰砕けとなってしまうだろう。また、好きで学問や研究を続けていけば、ある程度の成果はあがるだろうが、しかし、強烈な夢や志を抱いて、学問に打ち込んだ者には、その説得力、感化力は到底及ばないように思われる。

先進第十一

一　子の曰《のたま》わく、先進《せんしん》の礼楽に於《お》けるや、野人《やじん》なり。後進《こうしん》の礼楽に於けるや、君子なり。如《も》しこれを用うれば、則《すなわ》ち吾れは先進に従わん。

先生がいわれた、「先輩は儀礼や雅楽についてはいなか者である。後輩は儀礼や雅楽についてでは君子である。だが、もしそれを行なうことになれば、わたしは先輩の方に従おう。〔質朴な先輩の方が、かえって礼楽の本質を得ているから。〕」

解説

野人の気迫

真理の学問においても、だんだんと形式のほうに流れ、その学問の生命そのものを把握することがおろそかになるようなことがあってはならない。論語の学問の大基本は、孔子の言葉そのものから、自ら自身がその生命を掴むところにある。たとえ、論語を学ぶための学校があって、一流の教授陣、数多くの資料、立派な設備が充実していたとしても、その大基本が見失われたら、その真意をつかみ損ねる。

四　子の曰《のたま》わく、回や、我れを助くる者に非ざるなり。吾が言に於いて説《よろこ》ばざる所なし。

先生がいわれた、「回はわたくしを〔啓発して〕助けてくれる人ではない。わたしのいうことならどんなことでも嬉しいのだ。」

解　説

弟子の鑑、孔子の真価をよく見抜いた人

顔回は、孔子の言葉の偉大なること、それが別格的に価値あること、単なる人間知より発された言葉でないことを誰よりもよく知っていた。それは、自分の我の判断で、選んだり、捨てたりすべきものではなく、よくその言葉を受け止め、どこまでもその言葉に追いつくべく、深く考え、理解し、実践すべきものであるという強い自覚があったのだと思う。

顔回という人は、孔子の言葉に相対するその姿勢から見ても、学問の修得はひじょうに高く、深いものがあったと思われる。別の時代であれば、自分独自の学問の一派を打ち立てるぐらいの力量をも示したであろうし、孔子の時代であっても、独立して優れた学派を打ち立てることもできたであろう。しかし、大師ありし時には、大師の力量をよく知り、大師と弟子の立場の違いというものをよく知り、あくまでも大師の説かれる教えの修得に全身全霊を傾けた。ここに弟子の鑑としての顔回の姿がうかがわれる。

十二　季路《きろ》、鬼神に事《つか》えんことを問う。子の曰《のたま》わく、未だ人に事うること能《あた》わず、焉《いずく》んぞ能く鬼《き》に事えん。曰《い》わく、敢《あ》えて死を問う。曰《のたま》わく、未だ生を知らず、焉んぞ死を知らん。

解説

季路が神霊に仕えることをおたずねした。先生はいわれた、「人に仕えることもできないのに、どうして神霊に仕えられよう。」「恐れいりますが死のことをおたずねします。」というと、「生もわからないのに、どうして死がわかろう。」

人生とは何か

「未だ人に事うること能わず、焉んぞ能く鬼に事えん」

人として正しい道を歩むということが、すなわち、天の道であり、神の道である。単に神秘に興味を持つような気持ちで、天や神を語るべきではない。

「未だ生を知らず、焉んぞ死を知らん」

人間の生命の本質を追及しないで、死のことばかりを心配していても不安になるばかりでいっこうわかるようにはならない。真理の学問を深く学び、人間の生命の本質、つまり人間とは何か、人間の存在の意味とは、人間が生きる意味とは、こうしたことを切実に真剣に追求していったのならば、そこには天意、神意の導きもあるのだろう、だんだんと死の非実在、非合理性が明らかになってくる。強く生の意味を求める者のまえには、一見壮大な壁が立ちはだかるようなこうした疑問も粉砕されてしまうのだ。それはちょうど、光の本質を知れば、闇の非実在が明らかになってくるようなものだ。闇ばかりを見ても不安になるばかりであるが、それに光をあてて見るならば、それが非実在であることがわかる。

人間は皆やがてこの世を去ることになる。これは厳然たる一大事実だ。物心がついてくれば、誰でもこのことに思いを致すようになるものだ。そこで死のことのみを考えれば、不安におそわれるだけになってしまう。しかし、そこから反射して、やがて死を迎えることになる人間の人生とは何なのか、この私の人生、生命とは何なのか、ということを考えるようになる。これはごく普通の思考の帰結であり、何ら特別なことでもなければ、タブー視すべきことでもない。道理を知る人間であれば普通は考えることだ。ある意味ではここからが人生の真の出発点ともなるのだから、これはむしろ大いに考えられるべきこと、追求していくべきことだ。普段いろいろなところで政治のあり方などは議論されているが、もっと根源的なことであるところの、この人間が生きる意味とは、人生とは何かということも、全くこれと同じくらいに力を入れて議論がなされねばならないことである。実際のところは、個人としては、それぞれにそれらについての見解を持っているとは思うが、社会的な風潮としては、二十歳くらいまでは学生として生き、それから定年までは仕事をして、そして年老いて死んでいくというのが人間の人生だというような感が強いように思われる。それでは何と表面的で軽薄なことではないか。本来政治にしてもここのところをしっかり踏まえた上で、政策というものを立てていくべきではないか。先のような表面的な社会風潮に立脚した上で政策を立てても、どうしても政治も軽薄なる方向へと流れてゆかざるを得ない。人生とは何か、人間が生きる意味とは何か。これこそ真剣に大いに議論すべし。追求すべし。これは恥ずかしがったり、遠慮すべきことではない。いわんやタブー視すべきことでもない。誰でも本来当たり前に気になることではないか。この誰にとっても重要なことが、大いに論じられないほうが異常事態であり、いびつなあり方だ。そこから、真に充実した人生が開けるきっかけになるものであると思う。

十四　魯人《ろひと》、長府を為《つく》る。閔子騫《びんしけん》が曰《い》わく、旧貫に仍《よ》らば、これを如何《いかん》、何ぞ必ずしも改め作らん。子の曰《のたま》わく、夫《か》の人は言わず。言えば必らず中《あた》ること有り。

魯の人が〔主君の財貨の蔵である〕長府を作ったとき、閔子騫は「むかしどおりでどうだろう。何もわざわざ作りかえることもあるまい。」といった。先生は〔それを聞くと〕「あの人はものいわずだが、いえばきっと適切だ。」といわれた。

解説

本質を掴む知恵

「夫の人は言わず。言えば必らず中ること有り」

内なる神性・仏性からの知恵（正しき直感知）に照らして、自分の専門とする分野でないところ、得意とする分野でないところに関しては、発言は控えめにする。しかし、内なる神性・仏性からの知恵に照らして、確信の持てることは、発言し、正論を語ることができる。専門でない分野についても、必要があれば大筋においては正論をもって対処していくことができる。

基本的には、自分の専門でない分野については、意見を控えめにするというあり方が正しいと思う。専門でない分野であっても、内なる神性・仏性からの知恵を発揮させれば、大筋においては正しいことを言うことは可能であるが、それはあくまでも大筋ということだ。基本は、自分の専門、得意とする分野において、内なる神性・仏性からの知恵を発揮し、そこでいっそう精緻で、発展的な論を展開していくことが筋である。そのように正しい専門知識が多くあることによって、そしてそれが内なる神性・仏性からの知恵に運用されることにより、いっそう精緻で発展的な成果を上げることができるようになる。だから、多くの正しい専門知識は決して排斥すべきものではない。科学技術の発展などは、まさにその顕著な例であろう。

国や組織のリーダーの立場にある者は、いくら優秀とはいえ、その個人は実際あるゆる分野に精通しているわけではないであろう。しかし、あらゆる分野に精通しているわけではないとしても、そうした立場の者には、あらゆる分野における判断が求められるものだ。それゆえに、自分の専門ではない分野であったとしても、大局的には正しい判断をしていく能力が必要となる。限られた情報のなかから、判断を誤らない力だ。これが絶対に必要となる。そのためには、どうしても常日頃から内なる神性・仏性からの知恵というものを養っておく必要がある。それには、よく心して平時から道徳的修養、宗教的修養に努めていくことが不可欠となる。古えにおいて、祭政一致の政治が行われていたのも、単に文明が発達しておらず、人間の知性が未発達であるから迷信じみたものを信じてそのような政治が行われていたというわけではなく、人間の頭脳知の限界というものをよく知っており、また、神意を実現させていくことが、最大多数の最大幸福を生み出すものであるということを明確に知っていたからだ。

十五　子の曰《のたま》わく、由《ゆう》の瑟《しつ》、奚《なん》為《す》れぞ丘《きゅう》の門に於《お》いてせん。門人、子路を敬せず。子の曰《のたま》わく、由や堂に升《のぼ》れり。未だ室に入らざるなり。

先生が「由のひく瑟はどうも丘（このわたくし）のところではね。（ふさわしくない。）」といわれたので、門人たちは子路を尊敬しなくなった。先生はいわれた、「由は堂の上にはあがっているのだよ。まだ部屋に入っていないのだ。」

解　説

真理を学ぶ心構え

ここは、真理の学問を志す者が陥りやすい弊害のところを戒めとして象徴的に語られたところである。

「由の瑟、奚為れぞ丘の門に於いてせん」

人には、それぞれに特長というものがあり、どうしてもそうした方面ばかりが突出していき、その他の面については、おろそかにされ、足らざるものとなりやすいものだ。真理の学問の立場から言うならば、最大限その特長は生かしつつも、足らざる面にも目を向け、常に改めていく姿勢が必要だ。

「由や堂に升れり。未だ室に入らざるなり」

真理の学問を志す者であっても、その現れた言葉の表面の理解に終始してしまうことが多いが、その言葉の重みを深く自覚し、深奥まで究めていくことが重要なことだ。

論語のような真理の学問というものは、人生の一時期に一所懸命学んだからそれでよいというものではなく、あるいは、二十年、三十年かけて学び込んできたから、もうそれで十分というものでもない。真理（聖人）の書というものは、無限に精読、実践を積み重ね、さらにいっそうの深遠なる真理をつかみとっていくべきものである。そうした心構えのもとに臨む学問だ。

十八　柴《さい》や愚《ぐ》、参《しん》や魯《ろ》、師や辟《へき》、由《ゆう》や喭《がん》

〔先生がいわれた、〕「柴は愚かで、参（曾子）はにぶく、師（子張）はうわべ飾りで、由（子路）はがさつだ。」

解説

真理の学問を志す上での戒め

ここは、各弟子の人物評というよりは、自己の修養上の戒めという観点から解釈していこうと思う。

「愚」

こうした真理の学問を、他の学問と同列に扱うことの愚、あるいは、この学問も数ある学問のうちのひとつというように軽薄に扱うことを戒めたものである。この学問は他の学問を統合していく立場に立つものであり、その重みを深く自覚して取りくまねばならない。

「魯」

本来この真理の学問も、学ぶことを速やかに修得して、人間完成へとつなげていければ、それにこしたことはないが、しかし、実際は、この学問は広くしかも奥深く、指し示された徳目というものもそう簡単に身に付けられるものではない。それゆえに、この学問を志すにあたっては、堅忍不抜の精神、どこまでも忍耐強く修得していくのだという自覚が必要となる。

「辟」

真理の学問を深く学び、修得し、己の研鑽に努めるということよりも、この学問を学んでいることで、人から「そのような尊い学問を学んでいるのか、立派な人だ」などと思われるほうに意識がいきがちになることを戒められた。そのようなことで人から評価されたとしても、自分自身の実力とは何ら関係がないということを自覚せよ、ということだ。自分を飾るための学問とはするな、ということだ。

「喭《がん》」

真理の学問を学ぶにあたっては、ただ自分が得意とするところ、好きなところだけを学び、修めていけばよいというものではない。聖人の説く教えというものは、どれも重要であり、ひとつひとつを丹念に学び修めていくことが大切なことだ。

十九　子の曰《のたま》わく、回や其れ庶《ちか》きか、屢屢空《しばしばむな》し。賜《し》は命《めい》を受けずして貨殖《かしょく》す。億《おもんぱか》れば則ち屢屢中《あた》る。

先生がいわれた、「回（顔淵）はまあ〔理想に〕近いね。〔道を楽しんで富を求めないから〕よく窮乏する。賜（子貢）は官命を受けなくとも〔自分で〕金もうけをして、予想したことはよく当たる。」

解　説

真理の学問に励む者の心得

顔回は、君子のあり方に近い。ただひたすら真理の学問の学び、実践に努めて、地位や財産などには無頓着であった。子貢は、天命とは違うことであってもそれを為し、財産を築くことができるし、この世の慣習的な事柄などに対しても、程よく取り計らうことができた。

君子を志す者にとっては、基本的には、顔回の姿勢が大切であるが、一面においては子貢のように、ある程度の経済的な豊かさを創り出し、社会の慣習に対しても常識的に対処していく面も必要だ。このようにここでは、顔回の姿勢を基本としつつも、子貢的な面も全く無視することなく配慮していくことが大切であることを言われている。

二十　子張、善人《ぜんじん》の道を問う。子の曰《のたま》わく、迹《あと》を践《ふ》まず、亦た室に入らず。

子張が善人の在り方についておたずねした。先生はいわれた、「（先賢の）跡をふんでゆくのでなければ、奥義には入れない。」

解　説

偉人となるための読書

生まれながらの良き性質、優れた性質だけでは、奥深い人格的完成を遂げていくことは難しいし、物事に対処していくのに、奥深い善、より高次な善を発揮していくことはできない。この奥深い人格的完成を遂げていくには、真理の学問、聖人の学問を学んでいく道を通らねばならない。

これについて読書という面から述べてみる。

現代は情報が洪水のように溢れている時代であるが、そこでは情報の選択、峻別ということが大切であり、雑情報ばかりを多量に集めても、真に優れた人物となっていくことはできない。今、書店に行けば、ベストセラーの書物が多く紹介されているが、もちろん、それらも心の糧となるところはあると思うが、ただ、一時流行ってすぐに忘れられてしまうようなものばかりを多量に読んでいても、真に優れた人物となっていくことは難しい。

真に優れた人物を志す者にとっては、読書という観点からいうならば、聖人の一書を、精読につぐ精読、暗記してしまうぐらいの徹底した精読をなしていくということが必要欠くべからざることである。一人の大聖人の一書には、物凄い力が秘められている。そこには、字数、ページ数を超越した莫大な叡智が埋蔵されているとでもいおうか。聖人の一書を吾がものとしていくことが、やはり真に優れた人物に近づいていく近道である。現代にも賢人は数多くいると思うし、そうした方々がそれぞれに優れた書物を著していると思うが、それらの多くは、ある一面における優れた見解は表しているが、それらがすべて、聖人に匹敵する思想ということではないだろう。そうした賢人の書物を数多く読んだとしても得られない、奥深い叡智が聖人の一書からは、つかみうることができる。真に偉大なる人物たらんと志す者は、まず聖人の一書を押さえるということが是非とも必要なことである。それを押さえた上で、多くの賢人たちの思想を学べば、それがいっそう効率的に吾が血肉となっていく。

また、そうして聖人の一書を徹底的に読みこんでいったのならば、おのずと心のリズムが高まり、それによって、優れた直感の知恵というものが多く湧き出るようになってくる。この直感の知恵が優れたものとなってくると、この知恵が本当に自らをより良く導いてくれるようになる。例えば、経済問題に関心がある者の場合、読むべき本が内からの催しとして、自然に何らかのきっかけで、求めていたことの参考になることが書かれている賢人の書を読みたくなるものだ。ところが経済を研究している者であっても、こうした聖人の書などに全く関心が無く、ただひたすら経済書を読んで勉強しているだけであると、結果的に全く的外れの経済書ばかりを熱心に読んで、的外れの見解を示すようなことになりかねない。

二十一　子の曰《のたま》わく、論の篤《あつ》きに是れ与《くみ》すれば、君子者か、色荘者《しきそうしゃ》か。

先生がいわれた、「弁論の篤実さだけをよしとしていたのでは、君子の人か、うわべだけの人か。〔よくは分からない。〕」

解　説

君子とは

これは、言論や思想を業としている者にとっては、よく心しなければならない言葉だ。この論語のような傑出して優れた書物を精読し、それに基づいて言論、思想を書き表したならば、それだけでも、常人を超えた優れた書物を著すことも可能だろう。論語には、その思想面のみを見ても、それだけ偉大な力が秘められていると思う。しかし、それは、あくまでも言論、思想面において優れているというだけであって、全人格的に優れた人物であるかどうかは別なことだ。だから、言論、思想面において優れた書物を著して、ある程度、世間から評価されることがあったとしても、それはあくまでもその一面において、多少優れたものがあったのかもしれないと思って、何か自分が一躍偉大なる人物になったかの如く錯覚するようなことがあってはならない。論語の教えに照らして、全人格的に自らを内省したならば、まだまだ足らざるところ多しということは一目瞭然のはずだ。これからも、日々着実に、全人格的向上をめざして、修養に努めていかなければならない自分であることは明白だ。

君子とはどういう人物か、これには、様々な捉え方があるであろうが、次のような捉え方も可能である。君子とは、現実に仕事として携わる分野が、政治であれ、官僚であれ、経済であれ、事業であれ、芸術であれ、学問であれ、真理（聖人の教え）というものを深く理解していて、その解説書を書き表したのならば、歴史に永く遺るようなひじょうに優れた解説書を書き表すぐらいの言論力、思想力というものを持っている。また、いっぽうには、その言論、思想を、日常生活においても、仕事として携わる分野においても強力に実行していく力を備えている。こうした人物であってはじめて君子と言える。

二十二　子路問う、聞くままに斯《こ》れ行なわんや。子の曰《のたま》わく、父兄の在《いま》すこと有り、これを如何《いかん》ぞ、其れ聞くままに斯れこれを行なわんや。冉有《ぜんゆう》問う、聞くままに斯れ行わんや。子の曰《のたま》わく、聞くままに斯れこれを行なえ。公西華《こうせいか》が曰《い》わく、由《ゆう》や問う、聞くままに斯れ行なわんやと。子の曰《のたま》わく、父兄の在すこと有りと。求《きゅう》や問う、聞くままに斯れ行なわんやと。子の曰《のたま》わく、聞くままに斯れこれを行なえと。赤《せき》や惑《まど》う。敢《あ》えて問う。子の曰わく、求や退く、故にこれを進む。由や人を兼ね、故にこれを退く。

子路が「聞いたらすぐにそれを行ないましょうか。」とおたずねすると、先生は「父兄といった方がおいでになる。どうしてまた聞いてすぐにそれを行なえよう。」といわれた。冉有が「聞いたらすぐそれを行ないましょうか。」とおたずねすると、先生は「聞いたらすぐにそれを行なえ。」といわれた。公西華はいった、「由（子路）さんが『聞いたらすぐそれを行ないましょうか。』とおたずねしたときには、先生は『父兄といった方がおいでになる。』といわれたのに、求（冉有）さんが『聞いたらすぐそれを行ないましょうか。』とおたずねしたときには、先生は『聞いたらすぐそれを行なえ。』といわれました。赤（このわたくし）は迷います。恐れいりますがおたずね致します。」先生はいわれた、「求は消極的だから、それをはげましたのだが、由は人をしのぐから、それを押さえたのだ。」

解説

直感の声への対処

子路の場合、その果敢な性格から、直感的に心に湧き上がってくる考えを、グズグズせずに、すぐ実行していく面が強い。しかし、子路の修養段階にあっては、「心の欲する所に従って、矩を踰えず」というように、思うがままに行動することが、そのまま真理に適うという境地にまでは至っていない。それゆえに、思いついたことを何でもかでもすぐ実行に移すのではなく、自らの良心に照らして、「人を害することにならないか」、さらに「人を益することになるか」などのチェックが必要であると言われている。父兄とは、そのような第三者的な見方を象徴的に述べた言葉とも解釈できる。修養が相当進んだ境地にいっていなければ、残念ながら、思い浮ぶことが何でも内なる神性・仏性からの知恵（正しき直感知）とはなりえず、迷いの声であることもあるから、そこは慎重にチェックしていくことが必要だ。冉有の場合は、「これをなせ」という内なる声を聞いたとしても、あまりに慎重に考えすぎたり、人間知で取り越し苦労的に考えて、その声にフタをしてしまうことがある。それゆえに、それが「人を害することにはならないか」「人を益することになるか」などのチェックをして問題がなければ、思い切りよく実行していくことも必要だ、そうしないとせっかくのチャンスをいつも逃してしまうことになる、と言われた。

二十三　子、匡《きょう》に畏《おそ》る。顔淵後《おく》れたり。子の曰《のたま》わく、吾れ女《なんじ》を以て死せりと為《な》す。曰《い》わく、子在《いま》す、回何ぞ敢《あ》えて死せん。

先生が匡の土地で危険にあわれたとき、顔淵がおくれてきた。先生が「わたしはお前は死んだと思ったよ。」といわれると、「先生がおられるのに、回（このわたくし）がどうして死んだりしましょうか。」と答えた。

解　説

真理の学問への圧倒的なる熱意

孔子という偉大な師がおられ、そして偉大なる教えが説かれているのに、どうしてそれらを学び尽くすことなく死ぬことができましょうかという、顔回の学びに対する熱い思いがうかがわれるところだ。

真理の学問を志す者は、真理の学び、実践に全身全霊を注いで、雑事に浸って生命を無駄に費やすようなことはしないし、身体の不調があろうが、経済的窮乏があろうが、なかなか運命が拓けない状況であろうが、いかなる困難が立ちはだかろうが、断固として真理の学問から離れることはしない。生命のある限りどんなことがあっても真理の学問とともに歩み続けるのだ。

二十四　季子然《きしぜん》問う、仲由・冉求《ぜんきゅう》は大臣《だいしん》と謂うべきか。子の曰《のたま》わく、吾れ子《し》を以て異《こと》なるをこれ問うと為《な》す、曾《すなわ》ち由と求とをこれ問う。所謂《いわゆる》大臣なる者は、道を以て君に事《つか》え、不可《ふか》なれば則ち止《や》む。今、由と求は具臣《ぐしん》と謂うべし。曰《い》わく、然らば則ちこれに従わん者か。子の曰《のたま》わく、父と君とを弑《しい》せんには、亦た従わざるなり。

季子然が「仲由と冉求とはすぐれた臣といえるでしょうな。」とたずねた。先生はいわれた、「わたしはあなたがもっと別なことをたずねられると思いましたが、なんと由と求とのことですか。すぐれた臣といわれるものは道によって主君にお使えして、うまくいかないときは身を退きますが、この由と求とは〔諫めるべきときにも諫めず、〕頭数だけの臣というべきでしょう。」「それでは〔主人の〕いいなりになるものですか。」というと、先生はいわれた、「父と君とを殺すようなことには、やはり従いません。」

解　説

臣道の真髄

ここは、臣道の真髄となるところが述べられている。「所謂大臣なる者は、道を以て君に事え、不可なれば則ち止む。今、由と求とは具臣と謂うべし」君の道も、臣の道も、いずれもその奥義は深遠であり、そのいずれもが君子を志す者の道となりえる。それは、いずれもが価値高き道であり、君の道のほうが貴く、臣の道、人に仕える道が一段劣るというものではない。真に優れた臣とは、真理（聖人の教え）に基づいて君にお仕えする。必然的に真理の立場から諫言《かんげん》する時もある。それによって、その職を解かれることもあるし、場合によっては死をもって報いられることもある。しかし、その覚悟、気概を持っていることが、真に優れた臣道だ。子路であれ、冉有であれ、真理の学問に志し、その多くを会得し、一般的に見るならば相当優れた人物であったと思う。それでも、孔子の眼から見れば、なかなか臣道の真髄となるところまでは実践しきれていなかった。ここから、臣の道を究めていくということも、本当に深い並々ならぬ真理の会得が必要であることがうかがわれる。仕える道というものも君子の道そのものだ。

「父と君とを弑せんには、亦た従わざるなり」

この言葉のように、明らかに不義といわれることには、断じて従わないという気概は、子路にせよ、冉有にせよ持ち合わせていたと思う。しかし、政治の道というものは、必ずしも正邪が簡単にわかることだけではなく、ひじょうに入りくんだ問題に直面することも多い。まだ、この二人は、どのような問題に対しても正論をもって対処していくだけの知恵を発揮する境地には達していないということだろう。ここはひじょうに高い次元のことを言われており、孔子が臣道において本来求めるところの、道をもって君に仕える境地には至っていないと厳しく評価している。

顔淵第十二

一　顔淵《がんえん》、仁を問う。子の曰《のたま》わく、己れを克《せ》めて礼に復《かえ》るを仁と為《な》す。一日己れを克《せ》めて礼に復れば、天下仁に帰《き》す。仁を為すこと己れに由《よ》る。而《しか》して人に由らんや。顔淵の曰《い》わく、請《こ》う、其の目《もく》を問わん。子の曰《のたま》わく、礼に非ざれば視ること勿《な》かれ、礼に非ざれば聴くこと勿かれ、礼に非ざれば言うこと勿かれ、礼に非ざれば動くこと勿かれ。顔淵の曰《い》わく、回《かい》、不敏《ふびん》なりと雖ども、請《こ》う、斯の語を事《こと》とせん。

顔淵が仁のことをおたずねした。先生はいわれた、「〔内に〕わが身をつつしんで〔外は〕礼の〔規範〕にたちもどるのが仁ということだ。一日でも身をつつしんで礼にたちもどれば、世界じゅうが仁になつくようになる。仁を行なうのは自分しだいだ。どうして人だのみにできようか。」顔淵が「どうかその要点をお聞かせ下さい。」といったので、先生はいわれた、「礼にはずれたことは見ず、礼にはずれたことは聞かず、礼にはずれたことは言わず、礼にはずれたことはしないことだ。」顔淵はいった、「回はおろかではございますが、このおことばを実行させていただきましょう。」

解説

自己修養の根本、理想世界実現の根本

ここは、自己修養の根本、理想世界実現の根本にあたるところが説かれている。

常に己を省みて、邪念、邪欲などの迷いを去り、真理の正しさに立ち返る、これが真理の道、己を限りない高みへと導く道、すなわち修養の根本のところだ。一日、己を省みて、迷いを去り、真理の正しさに立ち返ることができたのならば、心の反映であるところのこの世界は、それだけ理想世界に近づくのだ。理想世界実現の出発点は、己の心を正しくするところにある。他の誰かが動いて、理想世界を持ち来らしてくれるというものではないし、物質的繁栄のみを追い求めて、理想世界が実現するわけでもない。

これは次のようなことを実行していくということでもある。常に真理の正しさに基づいて物事を見よ。真理の正しさに照らして物事を聞け。真理の正しさに基づいて語れ。真理の正しさに基づいて行動せよ。

「天下仁に帰す」のところであるが、この天下とはその国すべてとか、全世界ということである。孔子の時代にあっては、全世界とはいっても、その認識は狭いものであったと思うが、現代であればまさに地球上の全世界ということであろう。今の時点では、主に孔子の教えが学ばれているのは東アジアの地域が中心であろうと思うが、本来的には、この孔子の教えは、人類普遍のものとして全世界で学ばれてもおかしくない優れた教えであり、全世界に理想世界を実現していくための柱ともなる潜在的な力が秘められている。すでに世界の国々には、それぞれに諸教が根付いているとは思うが、この孔子の教えは、それらのすでにある教えとも相共存していくことが可能であるし、それによってそのすでにある教えに新たな生命を吹き込み、さらに進化発展していくことも可能である。また、すでにその国に根付いているその教えが、孔子の教えに融合して、孔子の教え自体もまた新たに進化発展していくことにもなる。

「仁を為すこと己れに由る。而して人に由らんや」の解釈は、理想世界実現のためには、まず自分自身がそのための一歩を踏み出すことが大切なのだ、誰かが動いて、例えば特定の政治家が動いて、理想世界を持ち来たらしてくれ、それによって自分はその恩恵を受けて安楽な暮らしができるなどと甘いことを思うな、ということでもある。

二　仲弓《ちゅうきゅう》、仁を問う。子の曰《のたま》わく、門を出《い》でては大賓《だいひん》を見るが如くし、民を使うには大祭に承《つか》えまつるが如くす。己れの欲せざる所は人に施すこと勿《な》かれ。邦に在りても怨み無く、家に在りても怨み無し。仲弓が曰《い》わく、雍《よう》、不敏なりと雖ども、請う、斯《こ》の語を事とせん。

仲弓が仁のことをおたずねした。先生はいわれた、「家の外で〔人にあうときに〕は大切な客にあうかのようにし、人民を使うときには大切な祭にお仕えするかのようにし〔て身を慎しみ〕、自分の望まないことは人にしむけないようにし〔て人を思いやり〕、国にいても怨まれることがなく、家にいても怨まれることがない。」仲弓はいった、「雍はおろかではございますが、このおことばを実行させていただきましょう。」

解　説

人間関係の調和のために

「門を出でては大賓を見るが如くし」

人間関係の調和を生み出すうえでの根本のところが説かれている。ひとたび人と接するにあたっては、どのような人に対しても大切なお客様のような気持ちで接していく。実際には、その人との距離感を考慮して、幾分くだけた調子で接したり、特に丁重に接したりと具体的な接し方はそれぞれであろうが、根本には相手に対する礼儀、敬意の心は持っていなければならない。特に打ち解けた関係になってくると、あまりに距離感が近くなりすぎ、遠慮もなくなり、言葉遣いもぞんざいとなり、礼儀や敬意の心も薄れ、その結果、本人は悪意があるわけでもなんでもないのだが、ちょっとした言葉や行動がひじょうに相手の気分を害したり、傷つけるようなことになって、だんだんと関係が険悪になってくることはよくあることだ。家族関係などもこのようになりやすい面はあるだろう。人間関係は、常に努力なくして、調和を生み出し、継続させていくことは難しいと考えたほうがよい。出会って、気が合って、親しくなって、そうして思うがままに振る舞って、それだけでは人間関係の調和が深まり、長続きするものではない。どんなに親しい間柄になったとしても、そこに礼儀や敬意が必要となる。

「民を使うには大祭に承えまつるが如くす」

これは、人を使ううえでの根本にあたる心得である。そこで働く人は、大勢の単なる労働者、身体を動かして作業をする人ではない。ひとりひとりに、今まで歩んできた人生があり、喜びも悲しみもあり、家族があり、多くの人間関係があり、実に多く重みを背負ったひとりひとりが集まって、組織、共同体が現れている。このひとりひとりの人生の重みに対する敬意を忘れることがあってはならない。さらに踏み込んで考えるならば、天あるいは神によって善しとされているひとりひとりがそこにおられるということだ。本来、こうした厳粛なる根本認識のもとに人を使っていかなければならない。

「己れの欲せざる所は人に施すこと勿かれ」

これも人間関係の調和を保つ大切な心がけである。常識的観点から見て、自分がこういうことをされたら不愉快だということを、人にはしないという心がけを持っているならば、そう多く人間関係の調和を乱すことにはならないだろう。とかく思考というものは、自分が自分がという観点からになりがちなものだが、時に相手の観点からの思考ということも大切だ。

「邦に在りても怨み無く、家に在りても怨み無し」

このような三つの心がけを持っていれば、公的な場においても、私的な場においても無用な人間関係の不調和は起こらないものだ。

三　司馬牛《しばぎゅう》、仁を問う。子の曰《のたま》わく、仁者《じんしゃ》は其の言や訒《じん》。曰《い》わく、其の言や訒、斯《こ》れこれを仁と謂《い》うべきか。子の曰《のたま》わく、これを為《な》すこと難《かた》し。これを言うに訒なること無きを得んや。

司馬牛が仁のことをおたずねした。先生はいわれた、「仁の人はそのことばがひかえめだ。」「そのことばがひかえめなら、それで仁といって宜しいのでしょうか。」先生はいわれた、「実践がむつかしい〔と思えば〕、ものいうこともひかえないでおれようか。〔そこが大切なところだ。〕」

解　説

一段上の難しさ

これは、言論、思想を業とする者に対する戒めとも解釈できる。聖人や賢人の書物を徹底して精読し、深く理解したのならば、世間からも評価されるような優れた言論、思想を著すことも可能だろう。しかし、それを実践し、形に表していく作業は、さらに一段上の難しさがある。

四　司馬牛、君子を問う。子の曰《のたま》わく、君子は憂えず、懼《おそ》れず。曰《い》わく、憂えず、懼れず、斯《こ》れこれを君子と謂うべきか。子の曰《のたま》わく、内に省《かえり》みて疚《やま》しからずんば、夫《そ》れ何をか憂え何をか懼れん。

司馬牛が君子のことをおたずねした。先生はいわれた、「君子は心配もせず恐れもしない。」「心配もせず恐れもしないなら、それで君子といって宜しいのでしょうか。」先生はいわれた、「心に反省してやましくなければ、一体、何を心配し何を恐れるのか。」

解説

憂え、恐れの根本的解決

「内に省みて疚しからずんば、夫れ何をか憂え何をか懼れん」

「内に省みて疚しからずんば」とは、「己れを克めて礼に復る」つまり、自らを省みて邪念、邪欲などの迷いを去り、真理（聖人の教え）の正しさに立ち返るということである。この修養の根本を実践している者は、至上の知恵である内なる神性・仏性からの知恵（正しき直感知）

に日に日にいっそう導かれるようになるのだから、自らの運命が自らにとって最もふさわしい方向へと進んでいくという強い自覚がある。それゆえに人生において憂えや恐れはないのだ。

また、この一節は次のように解釈することもできる。

一見、地道な作業であるが、日々自らを省み、邪念、邪欲などの迷いを去り心の浄化に努め、真理を自らの心に刻みつけるということを行うならば、人間心や迷いによる憂えや恐れというものがしだいに影を潜め、心はからりと晴れた青空のような状態がおのずと現れるようになる。そうすると、自然にイライラや不安が消え、自然に心が穏やかになり、何となく何があるわけでもないが嬉しさがたえずこみ上げてきて、人に対する思いやりあるふるまいが少しずつ自然にできるようになってくる。常楽の心というものが、本当にあるものなのだと実感されるようになってくる。だから、憂えや恐れを克服しようと悩んだり、力んでみたり、あせったりする必要はない。憂えや恐れだけをつかまえて、それを必死にやっつけようとしても、なかなか克服できず、かえって絶望的になってしまうこともある。だから孔子のこの言葉は、この地道な作業に努めたならば、憂えや恐れを人間力で、力でねじ伏せようとしなくても、自然に消滅してしまうものであるというふうにも解釈できる。

五　司馬牛、憂えて曰《い》わく、人皆な兄弟《けいてい》あり、我れ独《ひと》り亡《な》し。子夏が曰《い》わく、商《しょう》これを聞く、死生　命あり、富貴　天に在り。君子は敬して失なく、人と恭恭《うやうや》しくして礼あらば、四海の内は皆な兄弟たり。君子何ぞ兄弟なきを患《うれ》えんや。

〔兄の桓魋が無法もので今にも身を亡ぼしそうであったので、〕司馬牛は悲しんでいった、「人々にはみな兄弟があるのに、わたくしだけにはない。」子夏はいった、「商（このわたくし）はこういうことを聞いている、『死ぬも生きるもさだめあり、富みも尊さもままならぬ。』と。〔あなたの兄さんのことも、しかたがない。〕君子は慎んでおちどなく、人と交わるのにていねいにして礼を守ってゆけば、世界じゅうの人はみな兄弟になる。君子は兄弟のないことなどうして気にかけることがあろう。」

解説

真理こそが世界平和の根本

「死生　命あり、富貴　天に在り」

死ぬも生きるも人間心でどうこうできるものではない。それは天（神）の定めによる。「富貴　天に在り」については、文脈上はこの訳のようにこれも天の定めによるという解釈でもよいと思うが、この言葉自体は、無限の富や貴さは天のうちにこそあり、人がその天の願うところの使命に努めていくならば、おのずと富貴は備わってくるというように解釈することもできる。

人はそれぞれに、己の人格を一段高めるという修養の目的を持って、この世に生を受けており、そのために、それぞれ人にはその置かれる境遇というものがあるものだ。

「君子は敬して失なく、人と恭恭しくして礼あらば、四海の内は皆な兄弟たり。君子何ぞ兄弟なきを患えんや」

君子は真理（聖人の教え）を尊んで決して軽んずることがない。常に心に真理を把持し、人には礼儀と敬意を持って交わっていくならば、世界じゅうの人々が兄弟のような大調和が実現する。真理の絆で結ばれたのならば、それは兄弟のようなものであるから、肉親としての兄弟というかたちにあまりとらわれすぎてはいけない。

六　子張、明《めい》を問う。子の曰《のたま》わく、浸潤《しんじゅん》の譖《そしり》、膚受《ふじゅ》の愬《うったえ》、行なわれざる、明《めい》と謂うべきのみ。浸潤の譖、膚受の愬、行われざる、遠しと謂うべきのみ。

子張が聡明ということをおたずねした。先生はいわれた、「しみこむような〔じわじわとくる〕悪口や、肌身に受けるような〔痛切な〕うったえ〔には人は動かされやすいものだが、よく判断できてそれら〕が通用しないようなら、聡明といってよいだろう。しみこむような〔じわじわとくる〕悪口や、肌身に受けるような〔痛切な〕うったえが、〔よく判断できて〕通用しないようなら、見とおしがきくといってよいだろう。」

解説

信念を伴った知、未来を見通す知

身の危険さえ感じるような批判や訴えがあったとしても、真理に照らしてそれが不当であることを見抜き、それを的確に指摘し、自らの見識を貫いていくことができる。書物を著せば、そこで優れた論を展開していくこともできるし、人前で講演をすれば、そこで優れた見識を示すことができるという人であっても、ここ一番という時に、自らの見識を貫き通すことができないということはよくあることだ。こうした信念を伴った知、見識というものは、修養の積み重ねにより、ある段階を超えたものである。また、この信念の伴った知とは、未来にとって良い方向を見通す知ということでもある。今は良いと思った判断が、一時は人に利益を与え、安楽を与えることもあるが、それはあくまでも一時的なものにすぎず、五年後、十年後の未来においては、停滞、衰退の元になることもある。

多くの知識を学んで、教養を豊かにするという努力はもちろん大切であるが、次なる段階として、それをさらに研ぎ澄まし、信念を伴った知、未来における正しさを見通すことができる知へと高めていく努力が必要である。

七　子貢《しこう》、政《せい》を問う。子の曰《のたま》わく、食を足《た》し兵を足し、民をしてこれを信ぜしむ。子貢が曰《い》わく、必らず已《や》むを得ずして去らば、斯《こ》の三者に於いて何《いず》れをか先にせん。曰《のたま》わく、兵をさらん。曰《い》わく、必らず已むを得ずしてさらば、斯の二者に於いて何れをか先にせん。曰《のたま》わく、食を去らん。古《いにし》えより皆な死あり、民は信なくんば立たず。

子貢が政治のことをおたずねした。先生はいわれた、「食糧を十分にし軍備を十分にして、人民には信を持たせることだ。」子貢が「どうしてもやむをえずに捨てるなら、この三つの中でどれを先きにしますか。」というと、先生は「軍備を捨てる。」といわれた。「どうしてもやむをえずに捨てるなら、あと二つの中でどれを先きにしますか。」というと、「食糧を捨てる。昔からだれにも死はある。人民は信がなければ安定してやっていけない。」といわれた。

解　説

政治の基本

「食を足し兵を足し、民をしてこれを信ぜしむ」

この短い言葉のなかに、政治の基本原則ともいうべきものが示されている。これは現代においても十分通用することであり、この三つの基本原則をよく心して政治にあたれば、国の舵取りをそう大きく踏み外すようなことはない。

「食を足し」とは、現代的に言うならば、経済的な繁栄を創り出して、人々が豊かな生活ができるように常に創意工夫していくこと。「兵を足し」とは、やはり常識的に考えて、自国の防衛は、自国で為すという防衛体制をつくっていくこと。「自分の国は自分で守る」という精神は、祖国繁栄の基ともなる精神である。「民をしてこれを信ぜしむ」とは、人々の心に道徳心、宗教心を育むということであり、これは人間存在の根幹にかかわる重要なテーマであり、本来、国自体も、その方向性を明確に打ち出していく必要がある。

戦後の日本は、「食を足し」ということに重きをおき過ぎ、あとの二つが軽んぜられる傾向があった。この二つが軽んぜられるような状況が続けば、現在の経済的繁栄を維持していくこと自体も難しくなるだろう。それは、経済的繁栄というものも、本来確固として精神基盤のもとに築かれるものであるからだ。経済的繁栄を考えるにあたって、経済政策、金融政策の立場からの考察だけでは不十分である。日本が新生し、新たな繁栄を築いていくためには、この二つの課題についても乗り越えていくことが必要となる。

十　子張、徳を崇《たか》くし惑《まど》いを弁ぜんことを問う。子の曰《のたま》わく、忠信を主として義に徙《うつ》るは、徳を崇くするなり。これを愛しては其の生を欲し、これを悪《にく》みては其の死を欲す。既に其の生を欲して、又た其の死を欲するは、是れ惑いなり。

子張が徳をたかめ迷いをはっきりさせることについておたずねした。先生はいわれた、「〈誠の徳である〉忠と信とを第一にして正義へと移ってゆくのが、徳をたかめることだ。愛すれば生きていてほしいと思い、憎めば死んだらよいと思う〈のはふつうの人情だ〉が、さきには生きていてほしいと思いながら、また死んだらよいと思う、それこそ迷いだ。」

解説

迷いを去り己を高める

真理の学問に励み、誠実な心を養うように努めて、常に真理の正しさに基づいて行動する。単に自分の利益になるからとか、感情にまかせた行動はしない。それを継続して努めていくことが自分自身の人格を高める道だ。

このような修養ということを心がけることもなく、ただ本能的に、感情のおもむくままに生きていると、お互いに気が合って順調にいっているときには、いつまでも一緒にいたいと思うが、何か問題が起こり、相手が気に入らないと思うと、けんかをし、顔も見たくないと思う。己の心を高めるという修養の道に入らなければ、延々とこのような迷いの人生を繰り返すことになる。

十一　斉《せい》の景公、政《せい》を孔子に問う。孔子対《こた》えて曰《のたま》わく、君　君たり、臣　臣たり、父　父たり、子　子たり。公の曰《い》わく、善いかな。信《まこと》に如《も》し君　君たらず、臣　臣たらず、父　父たらず、子　子たらずんば、粟《ぞく》ありと雖ども、吾れ豈《あ》に得て諸《こ》れを食らわんや。

斉の景公が孔子に政治のことをおたずねになった。孔子がお答えしていわれた、「君は君として、臣は臣として、父は父として、子は子として〔それぞれ本分をつくすように〕あることです。」公はいわれた、「善いことだね。本当にもし君が君でなく、臣が臣でなく、父が父でなく、子が子でないようなら、穀物があったところで、わたしはどうしてそれを食べることができようか。」

解説

自己の天分を全うする②

「君　君たり、臣　臣たり、父　父たり、子　子たり」

それぞれがそれぞれの持ち場で最善を尽くすということであるが、次のようにも解釈できる。

ひとりひとりが自己の天分を自覚し、それを全うし、人々や社会の幸福、発展のために貢献していくこと、それが本人自身が最も生きがい、幸福を感ずることができる道であろうし、これが個人の幸福の根幹にあたるところである。そして結果的にはそれが人々や社会を最も益する道にもなる。それが実現した社会が理想世界ではないだろうか。

人により天分は様々だ。しかし、それは音楽に天分を感ずるとか、スポーツに天分を感ずるなどのように、必ずしも特殊な分野のみに天分を見出す必要はない。ある会社に勤めて、自分はこの仕事を全うしていきたいというのも立派な天分であるし、家庭のなかにあって家事や子育てが好きというのならそれも立派な天分だ。家庭のなかだとて、それも社会の一部であり、そのなかで精一杯尽くすことも立派な社会貢献だ。

スポーツを観戦して喜ぶとか、映画を見て喜ぶとか、レジャーを楽しむとか、これらも幸福には違いないが、幸福の根幹からは少しはずれた枝葉的なものではないかと思う。やはり幸福の根幹となるところを押さえないでは、枝葉的な幸福ばかり追い求めても、絶えず一抹の虚しさがつきまとうことになる。

十二　子の曰《のたま》わく、片言《へんげん》以て獄《うった》えを折《さだ》むべき者は、其れ由《ゆう》なるか。子路、諾《だく》を宿《とど》むることと無し。

先生がいわれた、「ほんの一言〔を聞いた〕だけで訴訟を判決できるのは、まあ由だろうね。」子路はひきうけたことにぐずぐずしたことはなかった。

解　説

判断力を磨く

その人の修養段階に応じて、内なる神性・仏性からの知恵（正しき直感知）の発現の質、精度はそれぞれだ。しかし、人は、人生においてその時々に判断、決断することを宿命づけられた存在でもある。だから、人は、まだまだ未熟な修養段階にあるとしても、その時点でできる最良の判断を全身全霊をもって、勇気をもってしていかなくてはならない。この子路のように、目の前に現れた案件に対して、果敢に判断していくという姿勢は大いに学ばねばならない。

十三　子の曰《のたま》わく、訟《うった》えを聴くは、吾れ猶《な》お人のごときなり。必らずや訟え無からしめんか。

先生がいわれた、「訴訟を聞くことではわたしもほかの人と同じだ。強いていうなら、〔それよりも〕訴訟をなくさせることだろう。」

解　説

根源に立ち返る

ここは国家、社会という観点からも大事なところであると思うが、個人の人生という観点からも大事なところである。

人間関係がうまくいかない、仕事がうまくいかない、経済的に苦しい、生きがいが感じられない、人生が虚しいなど、いろいろな問題に悩まされたりするのも、根源となるところを解決したならば、あらゆる運命は改善されてくる。ただそれらを個別に解決しようと思っても、また次から次へと悩みが出てきて、ともすれば疲れ果ててしまいかねない。いろいろな不調和が現れてくるということは、その根源となるところに何らかの不調和があるということだ。ひとつひとつの問題に対峙していくことも必要であるが、根源に立ち返るということはもっと重要なことである。

その根源にあたることが、人間の生命の根源にかかわる学問である真理（聖人の教え）の徹底的な会得に努めるということと、自己の天分を生かした利他を徹底して行っていくということである。これが総合的に運命を開いていく王道である。

十四　子張、政《せい》を問う。子の曰《のたま》わく、これに居りては倦《う》むこと無く、これを行なうには忠を以てす。

子張が政治のことをおたずねした。先生はいわれた、「位に居て怠ることなく、事を行なうにはまごころでするることだ。」

解　説

一級の仕事を成すために

ここは政治のことだけではなく、どのような仕事においても当てはまることだ。

「これに居りては倦むこと無く」

自己の天分、天職を見出してその世界で生きていこうとしても、そこですぐに力を発揮し、人や社会に認められるような仕事ができるわけではない。何が何でもやり抜くという自覚のもと、継続、粘り強さが必要となる。これなくして、一級のものを遺すことはできない。また、ひとたび人から評価され、ある程度の成功をおさめたとしても、その外形的な立場に安住して、いつしか惰性で仕事をしているだけになったりする。そのようなことでは、やがて時代に取り残され、競争にも敗れ、忘れられた存在となってしまうだけだ。常に仕事の精度を高める、いっそう優れたものを生み出す努力、工夫を怠らない。目的とするところは、常に仕事の精度を高め、いっそう優れたものを生み出し続け、人々や社会の喜び、幸福、発展に貢献していくところにある。

「これを行なうには忠を以てす」

そのように優れたものを生み出していくためには、この言葉の如く、その仕事に全身全霊を込める、精魂を込める、この仕事を完遂させたならば、この人生を終えたとしても悔いはないというぐらいの気迫を込めて為すことが必要となる。

十六　子の曰《のたま》わく、君子は人の美を成す。人の悪を成さず。小人《しょうじん》は是《こ》れに反す。

先生がいわれた、「君子は他人の美点を〔あらわしすすめて〕成しとげさせ、他人の悪い点は成り立たぬようにするが、小人はその反対だ。」

解説

自らの天才を眠らせるな

ここでは、教育的見地から述べられているが、ここのところは、人間の修養の根本にあたるところであり、また、運命を開いていくための根本にあたるところでもある。

「人の美を成す」

世間を見渡してみれば、自分は平凡な人間であり、人並みに会社で働いて一生を過ごしていければそれでよいぐらいにしか思っていない人もいるかもしれないが、これは社会にとって、日本にとって、人類全体にとって、ひじょうに大いなる損失である。各人が天（神）から与えられた才能を全く意識することもなく、一生を終えてしまうのはひじょうに惜しいことだ。花でさえ、その天分に応じて桜は桜の花を咲かせ、ひまわりはひまわりの花を咲かせ、朝顔は朝顔の花を一所懸命咲かせている。人間は一見外形は皆同じように見えるが、花にそれぞれの種類があるように、人間にも明確にそれぞれ独自の天分、才能があるのだ。それを花咲かせよ。なかには、少しの努力で、驚くべき天才を発揮する者もあろう。そうした人は、その天（神）の恵みに大いに感謝し、断じて驕ることなく、人類に貢献すべく努めよ。努力を続けてもすぐには成果が出ない者もあるだろう。しかし、自らの天才を決して疑ってはならない。それは、割合その天才が深いところに眠っているにすぎない。だから決してその天才を掘り続ける努力を止めてはならない。努力を継続していけば、やがてそのつるはしが天才にぶつかる瞬間が必ずくる。そうして掘り起こした天才は、早く掘り起こした者の天才と比べても決して見劣りするものではない。ゆめゆめ自らの内に眠るその天才を眠らせたままにすることなかれ。

「人の悪を成さず」

これは、人の欠点、弱点、悪しき面を小さなものとしていくよう努めることだ。単に道徳的に良くないことだから改めなさいということではない。自己の天分を発揮して、ある程度の成功を手にしたとしても、その成功を継続し、さらにいっそう大きなものとしていくためには、その欠点、弱点、悪しき面がその成功の足を引っ張るようになるから、常にそこにも目を向け、その克服に努めるという面がどうしても必要になる。才能豊かで、華々しい成功をおさめていた者が、何らかのかたちで失脚し、その成功者の世界から姿を消してしまうのは、人格の修養などという観点を全く持っていないか、人格修養のなかの、欠点、弱点、悪しき面をよく注視し、改善に努めることが欠けていたというところにある。

十七　季康子、政《せい》を孔子に問う。孔子対《こた》えて曰《のたま》わく、政とは正なり。子帥《ひき》いて正しければ、孰《たれ》か敢《あ》えて正しからざらん。

季康子が政治のことを孔子にたずねた。孔子は答えていわれた、「政とは正です。あなたが率先して正しくされたなら、だれもが正しくなろうとつとめましょう。」

解説

王道政治①

君子は聖人の言を畏るの如く、真理の学問、聖人の学問に深い敬意を払い、その学問に基づいて、常に自己の人格を高めるべく修養に努め、その思考、判断、行動を真理に適ったものとしていくよう努める。そして、それによって人々に良き感化が及ぶようにする。これが王道政治の原点となる。王道政治を志す者は、自らの心を正し、いっそう優れたものとし、そしてその心の反映として、まわりに理想世界を現出させるという基本原則を明確に把握している。政治を執り行う過程で、悪しき事柄などが起きれば、当然それに対しての対処はしていくが、しかし、そのいっぽうにおいては、その悪しき事柄が起きたのは、やはり自らの内にもそれを映し出す悪しき面がなかったかを厳しく省みるという一面も持ち、いっそうの自らの修練に努めるということを怠らない。

十八　季康子、盗《とう》を患《うれ》えて孔子に問う。孔子対《こた》えて曰《のたま》わく、苟《いやし》くも子の不欲ならば、これを賞すと雖ども窃《ぬす》まざらん。

季康子が盗賊のことを心配して孔子にたずねた。孔子は答えていわれた、「もしあなた御自身が無欲なら、〔人民は感化されて廉恥心を持ち、〕たとい褒美をやったとしても盗みは致しません。」

解　説

王道政治②

王道政治とは、常に自らを正すという姿勢を持ち、その感化を人にも及ぼして良化していくということが大きな柱である。さらに要約するならば、王道政治とは、自らの心を正すということから始まり、そしてその感化によって人の心をも良化していく。つまり、王道政治とは、人の心を正すということに大きな重きを置いた政治ともいえる。

十九　季康子、政《せい》を孔子に問いて曰《い》わく、如《も》し無道を殺して以て有道に就《つ》かば、如何《いかん》。孔子対えて曰《のたま》わく、子、政を為《な》すに、焉《な》んぞ殺を用いん。子、善を欲すれば、民善ならん。君子の徳は風なり、小人の徳は草なり。草、これに風を上《くわ》うれば、必らず偃《ふ》す。

季康子が政治のことを孔子にたずねていった、「もし道にはずれた者を殺して道を守る者をつくり上げるようにしたら、どうでしょうか。」孔子は答えていわれた、「あなた、政治をなさるのに、どうして殺す必要があるのです。あなたが善くなろうとされるなら、人民も善くなります。君子の徳は風ですし、小人の徳は草です。草は風にあたれば必らずなびきます。」

解説

王道政治③

政治を行う者、組織を統治する者は、真理の学問に基づいて、常に自らを正す、高めるという姿勢を持ち修養に努める。その姿勢を見て、人々は自分もあのように立派な人物になろうと努めるようになる。これが基本として大切なところだ。しかし、そうしたなかでも悪行を働くような人もいるかもしれない。そういう人に対しては、第一義的には、よく道理を説いて聞かせて、改心するように導いていく。それでも悪行が止まらず、他の人々への害悪となるようなときには、その人をいったん他の人々への害悪にならないような立場に置き、そして、そこで再び粘り強く改心していくように努める。死刑などの殺を用いるのは最後の最後とする。

このように王道政治とは、自らの徳による人々への感化ということと、人々に対する道理に基づいた粘り強い説得を重んずる政治ということでもある。

二十　子張問う、士何如《いか》なれば斯《こ》れこれを達《たつ》と謂うべき。子の曰《のたま》わく、何ぞや、爾《なんじ》の所謂《いわゆる》達とは。子張対《こた》えて曰《い》わく、邦《くに》に在りても必らず聞こえ、家に在りても必らず聞こゆ。子の曰《のたま》わく、是れ聞《ぶん》なり、達に非ざるなり。夫れ達なる者は、質直《しっちょく》にして義を好み、言を察して色を観《み》、慮《はか》って以て人に下《くだ》る。邦に在りても必らず達し、家に在りても必らず達す。夫れ聞なる者は、色に仁を取りて行ないは違《たが》い、これに居りて疑わず。邦に在りても必らず聞こえ、家に在りても必らず聞こゆ。

子張がおたずねした、「士人はどのようであれば通達といえるのでしょう。」先生はいわれた、「どういうことだね。お前の通達というのは。」子張がお答えしていった、「国にいてもきっと評判がよく、家にいてもきっと評判がよいことです。」先生はいわれた、「それは評判のよいことで、通達ではない。元来、通達というのは、まっ正直で正義を愛し、人のことばをよく考えて顔色を見ぬき、気をつけて人にへりくだって、国にいてもきっと通達し、家にいてもきっと通達することだ。一方、評判がよいという方は、上べは仁らしくしているが実行はともなわず、現在におちついて疑いを持たず、国にいてもきっと評判がよく、家にいてもきっと評判がよいというものだ。」

解説

達なる者、聞なる者

「夫れ達なる者は、質直にして義を好み、言を察して色を観、慮って以て人に下る」

達なる者は、真理（聖人の教え）の価値を深く自覚しているがゆえに、それを尊び素直に受け入れる。現時点において十分に理解できない教えがあったとしても、安易に否定するようなことはせず、それは自分自身の心境が十分進化していないがゆえに、まだ理解できる段階に至っていないのかもしれないと自らを省みて、永い時間のなかでそれを理解しようという姿勢を持つ。そして、常に真理の正しさを追求していく。

言葉の真意をよく察して、そこから相手の人格を観、物事の本質をも観ることができる。つまり、言葉というものに対しての感覚が物凄く鋭敏である。

常に相手の立場を思いやり、決して傲慢な態度は取らず、礼儀を守って人に接していく。

「夫れ聞なる者は、色に仁を取りて行ないは違い、これに居りて疑わず」

聞なる者は、世間の耳目を引くようなある程度優れた言論を表すことはできるが、その実践においては未熟なところがあり、さらに残念ながら、現在の自分の実力についての認識にも欠けるところがある。

　ここのところは重要だ。やはり、現在の自分の実力は十分認識しておかなくてはならない。実践力に劣ると思えば、その実践力を磨いていくよう努めなければならないし、現在の自分に実践力が欠けていると思えば、それをよく踏まえて身を処していかなくてはならない。その言論が注目を浴び、世間からいろいろな声がかかることもあるかもしれないが、よくその実践力の未熟さを自覚しては、安易にあれもこれもと様々な立場に立つようなことは厳に慎まなければならない。そこで、自らの分をわきまえず、調子に乗って様々なことを行えば、必ず誤りを犯すことになる。

二十一　樊遅《はんち》従いて舞雩《ぶう》の下《もと》に遊ぶ。曰《い》わく、敢《あ》えて徳を崇《たか》くし慝《とく》を脩《おさ》め惑《まど》いを弁ぜんことを問う。子の曰《のたま》わく、善いかな、問うこと。事を先きにして得ることを後にするは、徳を崇くするに非ずや。其の悪を攻めて人の悪を攻むること無きは、慝を脩むるに非ずや。一朝の忿《いきどお》りに其の身を忘れて以て其の親《しん》に及ぼすは、惑いに非ずや。

樊遅がおともをして雨乞いに舞う台地のあたりで遊んだときにいった、「恐れいりますが、徳をたかめ邪悪をのぞき迷いをはっきりさせることについておたずねいたします。」先生はいわれた、「立派だね、その質問は。仕事を先きにして利益は後まわしにするのが、徳をたかめることじゃなかろうか。自分の悪い点を責めて他人の悪い点を責めないのが、邪悪を除くことじゃなかろうか。一時の怒りにわが身を忘れたうえ、近親まで巻きぞえにするのは、迷いじゃなかろうか。」

徳を高め迷いを去る

「事を先きにして得ることを後にするは、徳を崇くするに非ずや」

常に真理の学問の修得に努め、天（神）が、この私に期待しているところの使命を見出し、それを果たすということを人生の第一義とする。その他のものはあくまでも第二義として考える。しかし、実際は第一義のものを第一義としたならば、第二義以下のものはおのずと整ってくるものだ。金銭などの経済的富も、その使命をいっそう推進していくために使うべきものとの自覚を持つ。余暇なども、その使命を果たしていくなかで疲れた身体や精神を休めたり、気分の転換をはかるためのものとし、その休養によっていっそうその使命を邁進していくためのものという自覚を失わない。そこに余暇の過ごし方にもおのずと節度が生まれ、身体や精神をかえって疲労させるような娯楽やレジャーは控えるようになる。こうした強い自覚のもとに生きていくことが人格を高めていく道だ。

「其の悪を攻めて人の悪を攻むること無きは、慝を脩むるに非ずや」

まず人の悪しき面を責める前に、自らの悪しき面を省み、改めるという姿勢を持つ。人の悪しき面を見れば、不快に思うものだが、よく自らを省みれば、自分の心のなかにも明らかにそうしたところはあり、それが人に映って、自ら自身に反省をせまっている面があるものだ。常にこうした姿勢を持って生きていくことが邪悪を消滅させていくことになる。自らの内を省みるという姿勢がなく、人の悪しき面を責めるのみでは、批難合戦の修羅場が際限なく続くばかりだ。

「一朝の忿りに其の身を忘れて以て其の親に及ぼすは、惑いに非ずや」

道理を踏まえぬ一時の感情のままに行動して、単に自分の身を滅ぼすのみならず、親族をはじめ、まわりの人々にまで迷惑を及ぼすのは、迷いということだ。また、一時の悪感情にとらわれて、重要事に悪影響を及ぼすようなことをするのも迷い以外の何ものでもない。直感的に催してくる思いでも、内なる神性・仏性からの知恵として生命の奥深いところから湧き出てくるものは、それを実行していくことで自らの人格も高まり、人々をも生かしていくことになる。それに対して、表面的なところから湧き出る怒りなどの感情的な思いは、それを行動に移したところで、さして自らの人格が高まることもなければ、人々を生かすことにもならないものだ。それゆえに、湧き出てくる思いであっても、それが内なる神性・仏性からのものであるのか、単なる表面的な迷いの声であるのか、よく思慮を巡らして分別していかなくてはならない。

二十二　樊遅、仁を問う。子の曰《のたま》わく、人を愛す。知を問う。子の曰《のたま》わく、人を知る。樊遅未だ達せず。子の曰わく、直《なお》きを挙げて諸《こ》れを枉《まが》れるに錯《お》けば、能く枉れる者をして直からしめん。樊遅退《しりぞ》きて子夏に見《まみ》えて曰《い》わく、嚮《さき》に吾れ夫子《ふうし》に見《まみ》えて知を問う、子の曰《のたま》わく、直きを挙げて諸れを枉れるに錯けば、能く枉れる者をして直からしめんと。何の謂《い》いぞや。子夏が曰《い》わく、富めるかな、是《こ》の言や。舜《しゅん》、天下を有《たも》ち、衆に選んで皐《こう》陶《よう》を挙げしかば、不仁者は遠ざかれり。湯《とう》、天下を有ち、衆に選んで伊尹《いいん》を挙げしかば、不仁者は遠ざかれり。

樊遅が仁のことをおたずねすると、先生は「人を愛することだ。」といわれた。智のことをおたずねすると、「人を知ることだ。」といわれた。樊遅はまだよく分からなかった。先生はいわれた、「正しい人々をひきたて邪悪な人々の上に位づけたなら、邪悪な人々も正しくさせることができる。」樊遅は退出してから子夏にあって話した、「さきほどわたしはうちの先生におあいして智のことをおたずねしたが、先生は『正しい人々をひきたてて邪悪な人々の上に位づけたなら、邪悪な人々も正しくさせることができる。』とおっしゃった。どういう意味だろうか。」子夏はいった、「充実しているね、そのおことばは。舜が天下を取ったとき、大勢の中から選んで皐陶をひきたてたので、仁でない者どもは遠ざかった。湯が天下を取ったときも、大勢の中から選んで伊尹をひきたてたので、仁でない者どもは遠ざかったのだ。」

解説

仁と知の追究

「樊遅、仁を問う。子の曰わく、人を愛す。知を問う。子の曰わく、人を知る」

仁は主に真理という意味で解釈しているが、ここでの仁とは、真理のなかの利他という面を孔子は強調して言われている。

この仁と知の追究は、人間の根本的使命にかかわるところだ。この仁と知とは互いに連環しているものでもあり、仁のなかに知が含まれ、知のなかに仁が含まれるとも言える。

仁とは、人を愛する、利他ということだ。そして、知とは人間を知るということであり、そこには、様々な人物の本質を見抜くということや人間存在の意味、人間はいかに生きるべきかを追究していくことなど多くの意味合いが含まれている。

利他を成就していくためには、知すなわち人間をよく知るということが必要になってくる。

これが不足していると利他の思いはあっても、結果的に人をそこなうようなことになってしまい、十分な成果を上げえなくもなる。

また、知の本質を究めていったのならば、それは人から称賛されるエリートとして自らを飾るためのものではなく、結局それは、利他、人のために生かすためのものというところに思いが至るようになる。単にその知の追究が自らの優秀さを誇示するためばかりであっては、たえず魂の虚しさがつきまとい、学べども学べども向上感もなく、ゆきづまらざるを得ない。

知の追究、これは何も学問の世界で生きる者だけのことではない。あらゆる分野で生きる者にとって密接にかかわっているものだ。例えば、音楽を演奏する者にとっては、その楽器を演奏する技術を高めることが知の追究にあたることであり、そこには、単に楽器の取り扱いを機械的に修得することだけではなく、いかに人々に感動を与えられるような演奏をするかということも含まれている。つまり、そこにおのずと人を知るということも含まれるようになっている。そしてこの人を知るうえで最も重要なものが真理の学問に他ならない。

「直きを挙げて諸れを枉れるに錯けば、能く枉れる者をして直からしめん」

この言葉で言われているように、仁すなわち利他（人を生かす）を成就していくためには、知（人を知る）がおのずと必要となる。

二十三　子貢、友を問う。子の曰《のたま》わく、忠告して善を以てこれを導《みち》びく。不可《ふか》なれば則《すなわ》ち止《や》む。自ら辱《はずかし》めらるること無かれ。

子貢が友だち〔との交わり〕のことをおたずねした。先生はいわれた、「忠告して善導によって導びくべきだが、きかれなければやめて、〔むりじいをして〕われから恥をかくことのないように。」

解　説

友との交流

真理の学問の道に入るということは、人々に対して良き感化を与えていく道でもあるから、友人との交流においても、そこにおのずと思いを致すことになる。つまり、日々学んでいる真理に基づいて、良き感化を与えていくということだ。しかし、それに対して相手が否定的な見解を示し、全く受け入れないという場合には、無理押しはしないほうがよい。無理押しというのは、はじめは相手への善意のつもりであったものが、いつのまにか自我力となり、単なる自分の意地を押し通すだけになってしまうことがある。そうなれば相手はますます固く心を閉ざして受け付けないということになる。あくまでも基本は、道理を説いて相手の良心に訴えるようなかたちで、心底納得してもらうところにある。相手への感化というものは、その一回の対話ですべてできるというものではない。それは、長い時間をかけて忍耐強く行っていくという覚悟がいる。その時間は、何年、何十年に及ぶこともあるという自覚が必要だ。

修養団体、宗教団体の勧誘行為というものは、それが正しい団体によるものであれば、尊い行為であり、善なる行為である。しかし、そのやり方は、学んでいる教えによる感化、つまりその対話のなかで折々に学んでいることを語っていくということが基本であろうと思う。そうしたなかで、相手がその見識、人格に敬意を表するようになり、その教えを学んでいれば、そのような立派な人物となっていくのなら、私もぜひ学んでみたいと思わせるところまで導いていくことが王道であろう。人情の機微に配慮することもなく、ただ顔を見れば入会してというような伝道では、相手から煙たがられるだけになってしまう。そして今までのつきあいの関係まで破綻してしまうようなことにもなってしまう。

憲問第十四

三十　子の曰《のたま》わく、君子の道なる者三つ。我れ能《よ》くすること無し。仁者《じんしゃ》は憂えず、知者《ちしゃ》は惑わず、勇者は懼《おそ》れず。子貢《しこう》が曰《い》わく、夫子《ふうし》自ら道《い》うなり。

先生がいわれた、「君子の道というものが三つあるが、わたくしにはできない。仁の人は心配がない、智の人はまどわない、勇の人は恐れない。」子貢がいった、「先生は自分のことをいわれたのだ。〔できないといわれたのは御謙遜だ。〕」

解説

君子を志す者が修めるべき三つの根本的徳目

君子を志す者、真に優れた人物を志す者が修めていくべき大きな柱となる徳目が示されている。君子を志す者は、この三つに常に思いを致し、実践に努めていくことが、努力の核となるところである。論語全編のなかで詳細に説かれている君子のあり方というものも、ほぼこの三つに集約して考えていくことが可能である。

「仁者は憂えず」

真理に基づいた利他の実践こそが吾が使命であり、それこそが自らの人生の意味であると明確かつ不動なる自覚を持っていて、そこに何らの迷い、思い煩いのない境地。

「知者は惑わず」

たえず真理の会得に努め、さらにその把握をいっそう深めるように努めていく。そして邪なる見解には惑わされることがない境地。

「勇者は懼れず」

真理の実現のため、真理を中心とした社会の実現のために敢然《かんぜん》と邁進する。その実現のため、個別個別の具体的な局面において、懼《おそ》れず断行していくことができる境地。

しかし、実際は、この仁、知、勇というものがバランスよく備わった人物という者は、そう多くいるものではない。それぞれに、得意不得意、得手不得手があるものだと思う。そして、特に不得意の徳目を修練していくというのは、相当の力がいるものだ。しかし、あまりに不得意の徳目ばかりにとらわれすぎて、得意とする徳目を忘れてしまうのは愚かなことだ。この仁、知、勇というものは本来バラバラのものではなく、互いに繋がり連関しているものである。不得意の徳目の克服ということを心掛けながらも、まずは中心を自分自身が得意とする徳目、心惹かれる徳目を徹底して伸ばすことに力を入れることが大切である。その強みの部分を徹底して伸ばしていくときに、ある壁のようなものが破られ、それが今まであまり得意でない徳目につながり、だんだんと自然なかたちで、それが補われるようになってくる。(それはひとつの徳目をある程度徹底的に修めたことの自信から他の徳目にも自ずと目が向くようになるというように。)

四十四　子路、君子を問う。子の曰《のたま》わく、己れを脩《おさ》めて以て敬す。曰《い》わく、斯《か》くの如きのみか。曰《のたま》わく、己れを脩めて以て人を安んず。曰《い》わく、斯くの如きのみか。曰《のたま》わく、己れを脩めて以て百姓《ひゃくせい》を安んず。己れを脩めて以て百姓を安んずるは、尭《ぎょう》・舜《しゅん》も其れ猶《な》お諸《こ》れを病《や》めり。

子路が君子のことをおたずねした。先生はいわれた、「自分を修養してつつしみ深くすることだ。」「そんなことだけでしょうか。」「自分を修養して人を安らかにすることだ。」「そんなことだけでしょうか。」「自分を修養して万民を安らかにすることだ。自分を修養して万民を安らかにするということは、〔聖天子の〕尭や舜でさえも苦労をされた。」

解　説

すべての人間の使命

ここは、論語のなかでもきわめて重要な一節だ。人間存在の意味、人間の使命、人間いかに生きるべきかについて述べられた、すべての人間にとって、まさに決定的に重要なところだ。

ここは、ただ君子という優れた人物の生きる道を示したのみではなく、人間はいかに生きるべきかの根本を示されている。これは単に論語の教えを学ぶ者が大切にすべきことにとどまらず、様々な学問の世界で生きる者にとっても、あるいは企業のなかで生きる者にとっても、政治、芸術、科学、技術など挙げればきりがないが、あらゆる分野で生きる者がこの根本精神のもと生きていかなくてはならない。

「己れを脩めて以て敬す」

真理の学問、聖人の学問を根本に据えて、常に自己の修養に努め、人格向上をめざしていく。特に自らの思い、言葉、行動を正しく整えるように努める。

「己れを脩めて以て人を安んず」

さらに、自己の修養に努めながら、いっぽうには、まず身近にいる人達に対して利他の行為をなす。つまり、人に幸福を与えていく、喜びを与えていく、役に立つことをなしていく。

「己れを脩めて以て百姓を安んず」

さらに、自己の修養に努めながら、万民を幸福にしていくよう努める。これは、本当に心の奥底から私心無く、人々を物質的な面においても、精神的な面においても豊かにしていこうと願い、その実践に努める大哲人政治家、大聖人政治家の境地であろう。

これは「そのような偉大な人の境地で、自分には程遠い境地だ」と思ってしまうかもしれないが、普通の人々にとっても、自己の修養に努め、身近な人々への利他行に努めつつ、さらに、自分が日常接する人々を超えて、いまだ会わぬ人々に対しても、少しでも役に立つことをなしていこうという気持ちを持って生きていくことは、ひじょうに尊いことである。

自己の人格向上に努めながら、自己の天分、才能を生かしつつ人々に幸福を与える利他の行為をなしていく。この人間の生き方の根本精神は、もっともっとこの日本に浸透させていくことが重要なことであるのは当然ながら、全世界の人々にも浸透させていくことが、幸福満つる豊かな世界を創っていくために、ぜひとも必要なことである。これは、西欧においても、アジアにおいても、アフリカにおいても、どこの人々にとっても通用する真理だからだ。この簡易にして明快な真理、聞けば誰もが当たり前のこととして納得すると思うことだが、しかし、必ずしもそれが明確に多くの人々の心に灯されていないように思われる。人は何のために生きるのかの答えを求めながら、暗闇をさまようように生きている人も多いのではないだろうか。これらが幼少の頃からよく教えられたならば、道を踏み外すことなく、さらには、もっと数多くの傑出した人物が出てくることであろう。

衛霊公第十五

二　陳《ちん》に在《いま》して糧《りょう》を絶《た》つ。従者《じゅうしゃ》病《や》みて能《よ》く興《た》つこと莫《な》し。子路慍《いか》って見《まみ》えて曰《い》わく、君子も亦《ま》た窮することを有るか。子の曰《のたま》わく、君子固《もと》より窮す。小人《しょうじん》窮すれば斯《ここ》に濫《みだ》る。

陳の国で食糧がなくなり、お供の人々は疲れはてて立ち上がることもできなかった。子路が腹をたててお目みえすると、「〔修養をつんだ〕君子でも困窮することがあるのですか。」といった。先生はいわれた、「君子ももちろん困窮する、だが小人は困窮するとでたらめになるよ。」

解説

逆境も学問だ

「君子固より窮す。小人窮すれば斯に濫る」

修養を積んだ君子であっても、一般的に見れば逆境といわれるような境遇に置かれることもある。子路のように、特にこのような君子になるための立派な尊い学問に打ち込んでいる者にとっては、思わぬ苦難、逆境に遭うと、「何で自分がこんな目に遭わなくてはならないのだ」とよけいに憤りを感じたりもするものだと思う。しかし、君子はそれを単なる逆境とは見ないで、泰然自若として、これも自己向上の機会、運命を発展させるための機会、あるいは、これも学問と見て、学びに努める。逆境下において学んだことは、将来必ず役に立つ、生きてくる。それは、何らかの専門的な勉強をしていれば、将来役に立つというのと、全く同じ道理である。人間は学んでこそ、より良い未来を拓いていくことができる。

幸福なる人生、喜びに満ちた人生を生きていくためには、この、一見苦難と見える出来事に対して、どのように処していくかということが、ひじょうに大切な鍵となるところである。ここは、ひじょうに重要なところだ。苦難のなかにあって、自暴自棄になることもなく、黙って必死になってそれに耐えていくということも立派なことだ。これだとて、そう易しいことではないだろう。しかし、人生、運命をいっそうより良く向上させていこうと思う者は、単に耐えるのみではなく、その辛さのなかにあっても「ここで何かを学んでいこう」というところまで思いを致すことが、きわめて大切なことであると思うのだ。逆境のなかにあって、「今、貴重なる学びのなかにある」という自覚を強くもって、学びつつ乗り越えていくことが大切なことである。

もうひとつ、苦難に処していくに際して大切だと思うことは、その苦難に対処していくことをゲームの如く、わくわくしながら「ここをどう乗り越えていくか、この問題をどう解決していくか」という視点を持つことだ。一面においては、こうした余裕を持って対処していくことも大切である。

このような自覚が深まってくると、苦難というものが、単に厄介なもの、自分の運命を害するものとは捉えなくなり、それは貴重な学びの機会でもあり、これにより、いっそう自己を高め、運命を発展させ、未来を拓く力としていくことができるのだ、と捉えられるようになり、人生には奥深い喜びのみが満ちるようになってくる。

三　子の曰《のたま》わく、賜《し》や、女予《なんじわ》れを以て多く学びてこれを識《し》る者と為《な》すか。対《こた》えて曰《い》わく、然《しか》り、非《ひ》なるか。曰《のたま》わく、非なり。予れは一《いつ》以てこれを貫《つらぬ》く。

先生がいわれた、「賜よ、お前はわしのことをたくさん学んで〔それぞれ〕覚えている人間だと思うか。」〔子貢は〕お答えして、「そうです。違いますか。」「違うよ。わしは一つのことでつらぬいている。」

解説

私は一つの根源的知を把握している

孔子は、実に多種多様な教えを説かれるので、広くいろいろなことを学び、いちいちそれらを覚えているのではないかと、教えを受ける者は思うものだが、必ずしもそうではなく、「予れは一以てこれを貫く」というように、ひとつの根本となる原理をつかんで、そしてそこから、人時処に応じて最もふさわしい教えを説かれる。

だから孔子の如くなろうと思って、単に論語を全部暗記したからといって、孔子の如き聖人となることはできないだろう。それはちょうど、木の幹を育むということをしないで、やたら落ちている枝葉を木にくっつけようとしている努力と同じようなものだ。そうではなく、木の幹を育むように努めていれば、おのずと枝葉は繁るようになり、多くの花も咲くようになる。

では、このひとつの根本となる原理とは、幹を育むとはどういうことか。

これが、すなわち内なる神性・仏性からの知恵を優れて発揮していくようにするということだ。この一節は、孔子の学問の境地が、内なる神性・仏性から知恵が発現する境地に達していたということを示すものである。孔子も始めは、聖人の教えを学ぶところから出発したが、学問が深まり、やがて、内なる神性・仏性からの知恵を発揮する境地に達した。これは「生まれながらにしてこれを知る者」の境地だ。この境地は、書物上に聖人の教えを学んで、たとえば、ある問題に対処するのに、日頃学んでいる聖人の教えによれば、どのようにあてはめていくのがよいのだろう、と考えるような段階ではない。ある問題について思考していくなかで、自己の心の奥深いところから、すなわち神性・仏性から優れた知恵がおのずと湧き出てくる。あるいは、今まで学んだ聖人の教えが、自己の内にはじめからあったかの如くであり、ある事に対して、最も的を射た知恵がおのずと湧き出てくる境地ということでもある。

この境地では、自分自身の知恵というものが、自己の内なる神性・仏性から発現してくるものだということを明確に自覚している。そのように知恵の発揮というものが、内なる神性・仏性からの知恵という一なるもので貫かれているということだ。それが人事処に応じて、様々な言葉、教えとなって現れる。それを外面的のみに見るならば、この人は実に多くのことを学んで覚えておいて、そして話しているのだろうと思うのだ。

九　子の曰わく、志士仁人《ししじんじん》は、生を求めて以て仁を害すること無し。身を殺して以て仁を成すこと有り。

先生がいわれた、「志しのある人や仁の人は、命惜しさに仁徳を害するようなことはしない。時には命をすてても仁徳を成しとげる。」

解　説

真理に志す者の気概

ここは、孔子の真理に対する思いの激しさが表れていて、心引き締まる一節である。

真理の学問を志す者は、ただ自分が食べていくための生活、ただ肉体生命を生きながらえさせる生活をすることはなく、真理や道徳が衰えたる世の中、あるいはそれが軽んぜられている世の中にあっては、敢然と挑み、決して真理や道徳が軽んぜられた状態を見過ごすようなことはしない。肉体生命などは惜しまず、真理、道徳を中心とした社会の実現のために、全身全霊邁進していく。

もう少し一般的な表現をすると、何がしかの志のある者は、「まあ学校を出て、どこかの会社に就職し定年まで勤め、老後はのんびり趣味でも楽しみながら過ごせばいいだろう。」などというように、ただ世間並みの生き方ができればそれでよいというような考えはとらない。「自らは何のために生をうけたるか、己の使命とは何か」を常に問い、その使命成就のためにこそ生きるものだ。

二十　子の曰《のたま》わく、君子は世《よ》を没《お》えて名の称せられざることを疾《にく》む。

先生がいわれた、「君子は生涯を終わってから〔自分の〕名まえのとなえられないことを悩みとする。」

解　説

歴史的価値あるものを遺せ

君子を志す者は、今、名声を得ようなどとあせるようなことはするな。たとえ、今、名声を博したとしても、それが真に価値ある仕事を成したうえでの名声でなければ、そのようなものは一時で終わってしまうものだ。それは、はっきりとそうなる。冷厳なまでに。しかし、真に価値ある仕事は、歴史のなかで必ず認められるようになる。時間が経てば経つほどにその輝きは増してくる。その称賛の声は高まってくる。歴史のなかで認められる仕事をこそなせ。今、評判になろうとか、今、名声を轟《とどろ》かせてやろうなどとは思うな。生涯を終えて歴史のなかで真価が認められればよし、と覚悟を決めて事をなせ。しかし、歴史のなかで何ら評価され得ぬことはおそれよ。それは汝が何ら価値ある仕事を成しえなかったということだ。三流、四流の仕事しか成し得なかったということだ。

こういう志を持った人が数多く現れることが、日本の国をよりすばらしい国としていくためにも必要なことではないだろうか。「ひとつ有名になってやろう」「日本に名だたる大企業を創ってやろう」「何かでかいことをやる」、こういう志を持っている人はけっこう多くいるのではないかと思う。こうした大きくなろうという志を持っているということは、見どころのあることだと思う。何ら志も無く、毎日毎日、その時々の事を処理して生きている、ということに比べれば、大いに称賛されることであろう。しかし、その志をもう一段スケールアップしていくことが重要だ。歴史のなかで称賛されるような大事業を成す、というように。単に今の名声を求めるのみではなく。そのように歴史のなかで称賛され、名を刻むような大事業を成すには、単に有名になろうとか、自分の野望を果たすという志であっては、とうてい歴史の風雪に耐えうる事業とはなり得まい。そのためには、本当に、大誠意を持って、多くの人々の役に立つ、多くの人々の幸福に貢献することを成さねばならない。こうしたことを真剣に追求する人物が数多く現れれば、世界の国々とは、圧倒的な差のある、優れてすばらしき国、日本となることも決して夢物語ではない。日本は世界の模範たる国となっていかなくてはならない。

日本を良くしていくためには、日本を発展させていくためには、政治改革が必要だ、新たな政治制度が必要だ、新たな経済システムを創り上げていかなければならない、もっと社会保障制度を充実させていく必要があると、こうした議論はよく耳にするところだ。しかし、この日本にもっともっと数多くの傑出した人物を輩出させていく、創り出していく、本当に歴史にその名を刻むような偉大なる人物を数多く輩出させていく、こうしたことを真剣に真剣に議論していくことも、日本の国の繁栄にとっての根幹となるところではないかと思う。政治の世界には、聖徳太子やリンカーンの如き大政治家よ、出でよ。科学の世界には、ニュートンやアインシュタインの如き大科学者よ、出でよ。思想界には、ソクラテスやプラトン、孔子や孟子の如き大思想家よ、出でよ。

そのためには、優れた人物とは、如何なる人物であるかという議論を深めていくことも重要だ。真に優れた人間とは、果たして難しい大学を出た人なのか。あるいは、法律や経済の難しい試験を突破した人なのか。それほど、正規な学歴があるとも思えない明治維新の志士達が活躍したのは何故か。

二十九　子の曰《のたま》わく、人能《よ》く道を弘《ひろ》む。道、人を弘むるに非ず。

先生がいわれた、「人間こそ道を広めることができるのだ。道が人間を広めるのではない。」

解　説

学問に臨む姿勢

ここは学問に臨む姿勢の重要さが述べられている。

真理の学問に取り組むにあたっては、その人自身に、全身全霊を賭けて真理をつかみとっていくのだ、命を賭けてつかみとっていくのだという気概、気迫、鬼気迫る真剣さがあってはじめて、その真理を己のものとして身に付けていくことができる。どんなにすばらしい先生の説く教えがあったとしても、どんなにすばらしい聖人、賢人の教えがあったとしても、いや、今現に釈迦やキリスト、孔子から直接教えを受けていたとしても、それを学ぶ人自身に、何が何でもその真理の精髄の精髄をつかみとっていくのだという真剣なる思いがなければ、どれほどすばらしい教えを聞いても、その真理を吾がものとし、自己の向上へと結びつけていくことはできない。偉大なる聖人がいて、偉大なる教えを説いてくれたからとて、それを聞いた者が、皆一律に偉大な人物になっていくものではないということだ。あくまでも真理をどこまで会得できるかは、自分自身の「真理をつかみとっていくのだ」という強い自覚にかかっているのだ。

三十二　子の曰《のたま》わく、君子は道を謀《はか》りて食を謀らず。耕すも餒《う》え其の中《うち》に在り、学べば禄《ろく》は其の中に在り。君子は道を憂えて貧しきを憂えず。

先生がいわれた、「君子は道を得ようとつとめるが、食を得ようとはつとめない。〔食を得ようとして〕耕していても飢えることはあるが、〔道を得ようとして〕学んでいれば、俸禄はそこに自然に得られる。君子は道のことを心配するが、貧乏なことは心配しない。」

解説

第一義のものを第一義に

この孔子の言葉は、キリストの教えの「まず神の国と神の義とを求めよ。その余のものは汝らに加えらるべし」に相通じるものがある。第一義のものを第一義にしていくことの重要さが述べられている。まず根本を押さえたのならば、枝葉はおのずと繁栄するようになる。

生活を豊かにしようとしてただとにかくがむしゃらに働いても、なかなか思うように富を築けないこともある。すなわち「耕すも餒《う》え其の中に在り」ということだ。「学べば禄は其の中に在り」とは、真理（聖人の教え）の学び、実践に努めているならば、あるいは真理の会得、真理を中心とした社会の実現ということを第一義として生きていたのならば、そこにおのずと優れた能力が現れてくるし、自己の天分、天才というものもだんだんと顕かになってきて、偉大なる仕事ができるようになり、豊かな生活というものなどは自然に実現してくるようになる。

季氏第十六

八　孔子の曰《のたま》わく、君子に三畏《さんい》あり。天命を畏《おそ》れ、大人を畏《おそ》れ、聖人の言を畏《おそ》る。小人は天命を知らずして畏れず、大人に狎《な》れ、聖人の言を侮《あなど》る。

孔子がいわれた、「君子には三つの畏れ（はばかり）がある。天命を畏れ、大人を畏れ、聖人のことばを畏れる。小人は天命を知らないで畏れず（わがままにふるまい）、大人になれなれしくし、聖人のことばをばかにする。」

解　説

君子を志す者の姿勢

君子を志す者、真に偉大なる人物、真に優れた人物を志す者には、この三つの姿勢が大切だ。

これは決してないがしろにしてはならないし、また忘れることがあってもならない。

「天命を畏れ」

天（神）は、この人生において私が何をなすことを期待しているのか、この世界において何をなすことを願われているのか、常にこのことに思いを致し、その成就のために心を尽くす。また、人生や仕事の局面局面においても、どのように判断し、対処していくことが、天意、神意にそうことであるのか、常にこうした観点で考え、行動していく。そして実際、その天意、神意に思いを致せば致すほど、その思いが深まれば深まるほど、その生き方が、その判断が、その行動がいっそう天意、神意を反映したものとなってくる。自分が好きなことをして生きる、やりたいことをやって生きるというだけでは不十分である。やはり、好きなことを追求しながら、それを人々のためや社会のために生かすという利他の視点が必要だ。さらに、それが天の願うところである、神の期待しているところであるというところまで自覚が深まるとき、その事業がいっそう精度の高いものとなり、感化力の大きなものとなっていく。

「大人を畏れ」

有徳な人物、見識ある人物との出会いを大切にし、常にそこから優れたものを学んでいく姿勢を大切にする。身近にそうした人物がいなかったり、交わる機会がない場合は、そうした優れた人物の書き表した書物にできるだけふれるように努め、学んでいく姿勢が大切だ。そこには普段自分では考えが及ばない発想などがありとても参考になるものだ。また同じ「聖人の言」を学ぶ者同士の交流というものも大切だ。同じ聖人の思想を学ぶ者同士であっても、その理解は皆一様ではなく、自分では気付いていない発見や理解をしていることも多くあり、それがひじょうに貴重な学びとなる。

「聖人の言を畏る」

大人に敬意を表し、そこから優れたものを学んでいこうという姿勢は大切なものであるが、しかし、あくまでも中心となるもの、核となるものは、聖人の言から学ぶということであることも押さえておかなければならない。聖人の言に学ぶということが、背骨にあたるところであり、大人からの学びというものは、それに肉付けしていくような立場だ。聖人とは、大人をはるかに超越した存在であり、その思想は、人類史上においてまさに傑出したものであり、珠玉の言葉で光り輝いている。釈迦やキリスト、孔子の思想やその他、大宗教家、大思想家、大哲学者などの思想がこれにあたる。人間として限りなき高みへと飛翔していくためには、これを学ぶことがどうしても必要となる。これは、現代においてももっともっと強調されてよいことだと思う。新しいベストセラーの書物を読んだり、難解な研究書を読むばかりで聖人の書を学ばないというのは、「女、君子の儒と為れ。小人の儒と為ること無かれ。」（雍也十三）の戒めのごとく、偉大なる学問の道がそこに開けているにもかかわらず、その道をゆかずにわざわざ小人の道を歩むこととなり、これは何とも惜しみても余りあることである。

九　孔子の曰《のたま》わく、生まれながらにしてこれを知る者は上《かみ》なり。学びてこれを知る者は次ぎなり。困《くるし》みてこれを学ぶは又た其の次ぎなり。困みて学ばざる、民斯《こ》れを下《しも》と為《な》す。

孔子がいわれた、「生まれついてのもの知りは一番上だ。学んで知るのはその次だ。ゆきづまって学ぶ人はまたその次ぎだ。ゆきづまっても学ぼうとしないのは、人民でも最も下等だ。」

解　説

学問の段階②

ここは主に二つの観点から解釈しようと思う。

まず一つめの観点は次のように解釈する。

「生まれながらにしてこれを知る者は上なり」

その生まれた家庭というのが、宗教、道徳をひじょうに大切にする環境にあり、幼少時からこうした宗教や道徳の教え（真理の学問、聖人の学問）を受けながら、それをごく自然なこととして受け入れ、成長し、そして大人となり社会に出てからもこれらの価値観を確固として持って生きていくことができるような人のことをいっている。こういう人が最も優れている。

「学びてこれを知る者は次ぎなり」

これは成長するにしたがって、自然にこの真理の学問に興味を持ち、学ぶようになった人のことをいっている。これが次に優れた人だ。

「困みてこれを学ぶは又た其の次ぎなり」

人生を生きていくなかで、いろいろな苦しみにぶつかり、「どうしたらこの苦しみを乗り越えていけるか」「なぜ人間は苦しまなければならないのか、苦しみにどういう意味があるのか」「そもそも人間存在の意味とは何か」ということを考えるようになり、その指針を求めて、論語のような真理の学問を学んでみようという人もある。これが次なる人の境地だ。

実際はこういう人も多いのではないかと思う。人生が順調にいっていて、特に悩みもないような時には、今の幸福感、充実感をもって良しとして、真理の学問を求めるようなこともないと思う。やはり、どうにもならない行き詰まりを感じて、「何がいけないのか、どうしたらよいのか」を切実に求めるようなって、真理の学問の道に入っていくことが多い。

こうした時に、古えより永い年月のなかで学ばれ続けてきたもの、人々の心を照らしてきたものにその指針を求めるというのは堅実なあり方ではないかと思う。「故きを温めて新しきを知る」（為政十二）という論語の言葉にあるように、古い思想であっても、優れたものは、十分現在の問題に対しても指針を得ることはできる。キリストも「天地は過ぎゆかん。されど吾が言葉は過ぎゆくことなし。」と言われているように、古えの優れた聖人といわれる人の教えというものは、その真意を読みとっていくことができるのならば、永遠の価値を持っているものである。

ただ、そういう思想を学ぶにあたって、はじめから原文を中心に読んでも、十分意味がつかみにくい、難しいと感じることもあるだろうから、現代的に初めての人にもわかりやすいように解説されているものを参考にしてみるのもよいだろう。そしてある程度親しめるようになったなら、少しずつその道の一流といわれる人の解説書を読んでみることが、またその理解を一段高めることになる。ただ、そうした解説書を読みながらも、やはり原文を繰り返し精読し、その聖人、賢人の言葉そのものから、その奥深い意味、生きた生命そのものをつかみとっていくという姿勢は忘れてはならない。その直接の言葉であるからこそ汲みとれるものがある。

このように古えの優れた思想、教えを指針としていくということは、ひじょうに堅実なことであり、誤りの少ないことであろうと思うが、しかし、またいっぽうには、現代においても優れた思想、教えが生み出されていくこともある、そしてそれが永い年月人々の心を照らす偉大なるものとなる可能性もあるという視点も忘れてはならないだろう。当たり前のことではあるが、釈迦、キリスト、孔子の思想にしても、その説かれた当時においては新興の教えということであったのだから。

「困みて学ばざる、民斯れを下と為す」

苦難や困難にぶつかっては、ただそのなかで不平を言い、その運命を嘆くばかりで、「どうしたらこの苦難、困難を根本的に解決していくことができるか」「この苦難や困難の意味するものは何か」ということを考えたり、研究しようとせず、ただ酒を飲んで憂さをはらすとか、レジャーで気分転換だとかで、正面からそれに向き合おうとせず、時間が過ぎるのにまかせるだけということになる。当然、真理の学問を学ぼうなどとは考えることもない。こうしたことを延々と繰り返す。こうした人は、残念ながら先の人よりもさらに下の境地ということになってしまう。

もう一つは次のような解釈となる。

「生まれながらにしてこれを知る者は上なり」

これは、修養がはるかに進み、自己の内なる生命そのものから知恵が湧き出てくる境地、すなわち自己の内なる神性・仏性から知恵がこんこんと湧き出てくる境地のことをいわれている。これが至上の知恵である。この境地になると、ある問題に対処するにしても、直感的に優れた知恵が湧き出てきて、それに従い最も的を射た判断、対応ができるようになる。

「学びてこれを知る者は次ぎなり」

これは次善の境地で、聖人といわれる人の書物を読んだり、その話を聞いたりしているなかで、ある問題に対して、「さて、日頃学んでいる真理の書物や話によれば、どう対処していくことが真理に適うのか」と、どちらかというと、人間の頭で思考して、書物上の真理で対処していくということに意識の比重がおかれた境地となる。ここではまだ、自己の内なる神性・仏性からの知恵という認識がまだ不十分な段階だ。この次善の境地において気をつけなければならないと思われるのは、その書物上のひとつの言葉、教えにとらわれてしまうことだ。ひとつの言葉、教えにとらわれて、とにかく自分はこれを信条とするのだからと、ただひたすらそれを実践していくというあり方であると、ある局面においては別の考え、教えで対処していくべきであるのにもかかわらず、それを押し通して大きな失敗をしてしまうこともある。これは真理の運用を誤ったということだ。そしてこの運用を最良ならしめるのが、内なる神性・仏性からの知恵の発現にかかっている。だからどの学びの段階にある者であっても、向かうべき方向性としては、この内なる神性・仏性からの知恵を発現していくことにあるのだということを明確に自覚しておく必要がある。もちろん、神性・仏性からの知恵の発現のしかたというものは、各人の修養の段階において、その優劣はあると思うが、しかし、どういう段階の者であれ、現時点において発現させていくことのできる最大限のこの知恵を発揮していくことが、その人にとっての最高度の境涯、運命へと導いていくことになる。

この二つの境地を理解するのに参考となる王陽明の言葉があるので挙げておく。

「孔子も『わたしに知があろうか、ありはしない』（論語・子罕篇）といっているように、良知の外に、知はないのです。だから良知を致す（発揮する）ことこそが学問にとっての根幹であり、これが聖人の教えの第一義のところです。だから、（道を）末である見聞のみに求めるのは、その根幹を失脚したものである点で第二義に堕ちるのです。」（王陽明・伝習録中巻　溝口雄三訳　中央公論新社）

この「良知を致す（発揮する）」ということが、「生まれながらにこれを知る者」の境地にあたり、「（道を）末である見聞のみに求める」が「学びてこれを知る者」の境地にあたる。

「困みてこれを学ぶは又た其の次ぎなり」

次なる境地として、聖人の教えをあまり学ぶことはしないが、さまざまな経験のなかから人生の教訓を学びとっていくという人の境地だ。

「困みて学ばざる、民斯れを下と為す」

これは、ただ漫然と経験を積み重ね、その経験に一喜一憂するだけで、そこから教訓を学んでいこうなどとは考えもしない人々で、こういう人はさらに下の段階の境涯となる。

引用および参考とした書籍

「論語」　金谷治訳注　岩波書店
「王陽明　伝習録」　溝口雄三訳　中央公論新社
「孟子　上」　小林勝人訳注　岩波書店
「氷川清話」　勝部真長編　角川文庫
「聖書」　新共同訳　日本聖書協会
「生命の實相　第一巻～第四十巻」　谷口雅春　日本教文社

著者プロフィール

五十嵐政行（いがらしまさゆき）

1967 年生まれ。

立正大学法学部中退。

いくつかの会社勤務を経て、思想研究、文筆生活に入る。

天翔《あまか》ける論語《ろんご》
学問《がくもん》の精髄《せいずい》に貫《つらぬ》き入《い》れ

五十嵐政行《いがらしまさゆき》

明窓出版

平成二四年九月十日初刷発行

発行者 —— 増本 利博

発行所 —— 明窓出版株式会社

〒一六四—〇〇一二

東京都中野区本町六—二七—一三

電話 (〇三) 三三八〇—八三〇三

FAX (〇三) 三三八〇—六四二四

振替 〇〇一六〇—一—一九二七六六

印刷所 —— シナノ印刷株式会社

落丁・乱丁はお取り替えいたします。

定価はカバーに表示してあります。

ISBN978-4-89634-314-4

ホームページ http://meisou.com

よくわかる論語～やさしい現代語訳

永井　輝

日本人は心の問題について真剣に考え直す時期に来ている。日本人の心の支えとなってきた『論語』を、もう一度見直そう。

一、『論語』と孔子／1　『論語』で心を呼び戻そう／2　新しい『論語』の読み方／3　孔子の生涯／4　『論語』各編の特色／二、『論語』全文（現代口語訳）第一編～第二〇編

(読者レビューより）論語が現代口語文で読める。これは嬉しいことだ。とりあえず、全章を気楽に通読してみる。それで一応「論語は読みました」、と言うことができる。

とにかく、誰にでもすいすいと最後まで読み進んでいける。その容易さはあっけないほどだ。あの、なかなか手を付けられずにいた長い間の逡巡は何だったのかと思う。

聖書のイエスもそうだが、「論語」における「孔子」もまた、人間「孔子」として現代社会の中に置き換えてその姿形、在り方などを想像することが出来れば、一応理解の原点に立ったと言えるのではないか。もちろんこれらの古典はいくらでも深読みに堪えるもので、その先に本当の「論語」読みの「論語」好きが始まるものだと思う。

定価1365円

改訂版　基礎からよく分かる
「近思録」　―朱子学の入門書

朱熹/呂祖謙 編著　福田晃市 著

朱子学を学びたい人のための学習参考書。「近思録」の完訳。「近思録」は、朱熹と呂祖謙によって編集され、西暦1176年に刊行された書物で、朱子学の入門書として長く広く用いられました。「近思録」には、四人の儒学者、周濂渓、張横渠、程明道、程伊川の言葉が厳選されて収録されています。四人は、それまでの儒学を刷新して、新しい儒学(宋学)を始めた人物です。朱熹は、その四人の思想を受け継ぎ、集大成して、儒学史上最高の哲学体系を作り上げました。それがいわゆる「朱子学」です。朱子学は、世間で思われているような「封建道徳」などではなく、簡単に言うなら、人の心を健全に育成し、世の中をよりよくしていくことを目指すヒューマニスティックな哲学です

【このような方に】　経済人としての確固たる理念を求めている若手サラリーマン。受験戦争から解放されたとたん、何を学べばよいのか分からなくなってしまった大学生。人々のモラルの低下を心配している人。経世済民の理想に燃える役人や政治家。朱子学者になりたい人。

定価1365円

沈黙の科学

10日間で人生が変わる

ヴィパッサナ瞑想法

UPKAL《ウプカル》

ブッダの悟りがこの瞑想で分かる！

MBA取得者がインド・リシケシから持ち帰った、人生を自由自在に変えられる究極のシンプルメソッドとは？　「今を生きる」とは具体的にどういうことなのか、ストンと腑に落ちる１冊です。

「悟りとは、心と身体を純化してキレイにするということです。心が変わり、ものごとに対する反応が根本から変わることにより様々な変化も起こり、人生を自由自在に変えられるといってもよいほどの大きな違いが生まれます。人生を変える重要な鍵は私たちの内側にあるのです」

定価1365円

ことだまの科学

人生に役立つ言霊現象論　鈴木俊輔

帯津良一氏推薦「言霊とは霊性の発露。沈下著しい地球の場を救うのは、あなたとわたしの言霊ですよ！まず日本からきれいな言霊を放ちましょう！」

本書は、望むとおりの人生にするための実践書であり、言霊に隠された秘密を解き明かす解説書です。

言霊五十音は神名であり、美しい言霊をつかうと神様が応援してくれます。

第一章　言霊が現象をつくる／言霊から量子が飛び出す／宇宙から誕生した言霊／言霊がつくる幸せの原理／言霊が神聖ＤＮＡをスイッチオンさせる　第二章　子供たちに／プラス思考の言霊　第三章　もてる生き方の言霊／笑顔が一番／話上手は聴き上手／ほめる、ほめられる、そしていのちの輪／もてる男ともてる女　第四章　心がリフレッシュする言霊／第五章　生きがいの見つけ方と言霊／神性自己の発見／神唯《かんながら》で暮らそう／生きがいの素材はごろごろ／誰でもが選ばれた宇宙御子　第六章　病とおさらばの言霊　第七章　言霊がはこぶもっと素晴しい人生／ＩＱからＥＱ、そしてＳＱへ／大宇宙から自己細胞、原子まで一本串の真理／夫婦円満の秘訣第八章　言霊五十音は神名ですかんながらあわの成立／子音三十二神の成立／主基田と悠基田の神々／知から理へ、そして観へ　定価1500円